Nikolaus Paulus

Der Augustiner Bartholomäus Arnoldi von Usingen

Luthers Lehrer und Gegner

Nikolaus Paulus

Der Augustiner Bartholomäus Arnoldi von Usingen
Luthers Lehrer und Gegner

ISBN/EAN: 9783741130298

Hergestellt in Europa, USA, Kanada, Australien, Japan

Cover: Foto ©Andreas Hilbeck / pixelio.de

Manufactured and distributed by brebook publishing software (www.brebook.com)

Nikolaus Paulus

Der Augustiner Bartholomäus Arnoldi von Usingen

STRASSBURGER THEOLOGISCHE STUDIEN.

HERAUSGEGEBEN

VON

Dr. ALBERT EHRHARD, und Dr. EUGEN MÜLLER,
PROFESSOR AN DER UNIVERSITÄT
WÜRZBURG.
PROFESSOR AM PRIESTERSEMINAR
ZU STRASSBURG.

ERSTER BAND.

DRITTES HEFT.

—

STRASSBURG. AGENTUR VON B. HERDER. 1893.
FREIBURG IM BREISGAU.
HERDER'SCHE VERLAGSHANDLUNG.
ZWEIGNIEDERLASSUNGEN IN WIEN, MÜNCHEN und ST. LOUIS, Mo.

DER AUGUSTINER BARTHOLOMÄUS ARNOLDI VON USINGEN,

LUTHERS LEHRER UND GEGNER.

EIN LEBENSBILD.

VON

NICOLAUS PAULUS,
PRIESTER DES BISTHUMS STRASSBURG.

STRASSBURG. AGENTUR VON B. HERDER. 1893.
FREIBURG IM BREISGAU.
HERDER'SCHE VERLAGSHANDLUNG.
ZWEIGNIEDERLASSUNGEN IN WIEN, MÜNCHEN UND ST. LOUIS, Mo.

Das Recht der Uebersetzung in fremde Sprachen wird vorbehalten.

Buchdruckerei der Herder'schen Verlagshandlung in Freiburg.

Vorwort.

IN dem grossen Kampfe, der im 16. Jahrhundert Deutschland in zwei Theile spaltete, hatte keine religiöse Genossenschaft den Abfall so vieler Mitglieder zu beklagen wie der Augustinerorden. Es darf uns übrigens nicht wunder nehmen, dass Luther unter seinen Ordensbrüdern zahlreiche Anhänger gefunden. In dem ersten Eifer werden manche ohne Zweifel das Unternehmen des Wittenbergers als eine dem ganzen Orden angehörende Sache betrachtet und dasselbe schon unter diesem Gesichtspunkte vertheidigt haben.

Doch gab es auch mehrere Augustiner, die von den Sturmesfluthen der kirchlichen Umwälzung nicht mitgerissen wurden, die vielmehr fest wie eine Mauer dastanden und mit dem Aufgebot aller Geisteskraft den alten Glauben und die bestehenden Einrichtungen in Kirche und Staat zu stützen suchten. Namentlich im Elsasse waren es Augustiner, die der Neuerung muthig entgegentraten. Konrad Treger in Strassburg, Johann Hoffmeister in Kolmar, beide an der Spitze der Ordensprovinz Rheinland-Schwaben, nahmen unter den damaligen katholischen Vorkämpfern eine ehrenvolle Stellung ein. Ihnen besonders ist es zu verdanken, wenn am Rheine und in Schwaben der Orden weniger Verluste erlitt als in andern Gegenden Deutschlands. Wohl hatte auch die Kölner Provinz einen trefflichen Führer in der Person des Provincials Rüdiger Jung. In Bayern dagegen und in Sachsen entstand in kurzer Zeit, nicht ohne die eigene Schuld der

Ordensobern, eine grenzenlose Verwirrung. Noch schlimmere Zustände entwickelten sich im Schosse der deutschen Augustinercongregation.

Bekanntlich war gegen Ende des Mittelalters, wie in andern Orden, so auch unter den Augustiner-Eremiten, eine Spaltung eingetreten. Neben den vier alten Ordensprovinzen, in welche Deutschland seit Ende des 13. Jahrhunderts eingetheilt war — Niederrhein, Sachsen, Rheinland-Schwaben und Bayern —, hatte sich ein besonderer Verband gebildet, die sogenannte deutsche Congregation, der sich nach und nach bei 30 Klöster anschlossen. Der Umstand, dass Luther dieser Genossenschaft angehörte, erklärt uns einigermassen, warum er gerade hier die meisten Anhänger fand. Gleich bei Beginn der religiösen Wirren verliessen zahlreiche Mönche, mit dem Generalvicar Wenzeslaus Link an der Spitze, ihre Klöster, um als Prediger der neuen Lehre aufzutreten [1].

Es zählte allerdings auch die deutsche Augustinercongregation mehrere Mitglieder, die gegen die „neue und fremde Martinianische Lehre" Widerspruch erhoben. Insbesondere that dies Luthers eigener Lehrer, der Erfurter Universitätsprofessor Bartholomäus Arnoldi von Usingen.

Dass eine nähere Bekanntschaft mit diesem Manne, der am Anfang der religiösen Neuerung in Erfurt eine wichtige Rolle spielte, nicht ohne Interesse sei, braucht wohl nicht besonders hervorgehoben zu werden. Als daher vor einiger Zeit der hochwürdige Generalcommissar der deutschen Augustiner, P. Pius Keller in Münnerstadt, mich ersuchte, dem Erfurter Augustiner eine Monographie widmen zu wollen, gab ich alsogleich mein Jawort. Ich musste zwar nur zu bald einsehen, dass von einer ausgedehnten Arbeit hier keine Rede sein könne. Wie über so manche andere Vertheidiger der Kirche gegen die Neuerer des 16. Jahrhunderts, fliessen auch über Usingen die Quellen allzu spärlich. Eine ziemlich reiche Aus-

---

[1] Was hier nur flüchtig angedeutet wird, ist ausführlich behandelt in meiner Biographie des Joh. Hoffmeister. Freiburg 1891.

beute boten mir indes Usingens zahlreiche Schriften, die sowohl in dogmatischer als in historischer Hinsicht sogar für die allgemeine Reformationsgeschichte nicht ohne Bedeutung sind. Ich war so glücklich, alle diese Schriften in München vorzufinden. Zudem wurde ich durch P. Chrysostomus Hepp, Prior des Augustinerklosters in Würzburg, auf einige Handschriften aufmerksam gemacht, die in der Würzburger Universitätsbibliothek verwahrt werden.

Dem verehrten Pater Prior, der die vorliegende Studie nach Kräften gefördert hat, bezeige ich hier öffentlich meinen herzlichsten Dank. Zu besonderem Danke verpflichteten mich auch die Würzburger Augustinerocleriker Andreas Steinberger und Sanctes Metzger, die sich der grossen Mühe unterziehen wollten, die wichtigern Stellen aus Usingens handschriftlichem Nachlass mit gewissenhafter Genauigkeit für mich abzuschreiben.

München, am 1. Mai 1893.

Nicolaus Paulus.

Inhalt.

Vorwort S. vii—ix. — Titel der mehrmals angeführten Werke S. xv—xvi.

Erstes Kapitel.
Usingen als Lehrer der Philosophie.

Universität Erfurt. — Professor der Philosophie. — Philosophische Lehrbücher. — Grosse Erfolge. — Stellung zu Aristoteles. — Selbständigkeit Usingens. — Seine Ansicht über den Autoritätsbeweis in der Philosophie. — Stellung zum kirchlichen Lehramte. — Vernunft und Glaube. — Keine oppositionelle Richtung in Erfurt. — Usingen über Johann von Wesel. — Der „moderne Weg". — Nominalismus. — Stellung zum Humanismus. — Eoban Hessus und Usingen. — Eine Prophezeiung S. 1—15.

Zweites Kapitel.
Usingen als Ordensmann und Theologe.

Usingen tritt in den Augustinerorden. — Luthers Freude über diesen Entschluss. — Warum Usingen in vorgerücktem Alter noch Mönch geworden. — Doctor der Theologie. — Ueber die damaligen Schultheologen. — Luther und Aristoteles. — Philosophie und Theologie. — Reform der Erfurter Universität. — Luthers freundschaftliche Beziehungen zu Usingen S. 15—27.

Drittes Kapitel.
Die Anfänge der Reformation in Erfurt.

Usingens Verhalten bei Beginn der lutherischen Neuerung. — Johann Eck in Erfurt. — Ob Usingen in seiner katholischen Ueberzeugung gewankt habe. — Luther in Erfurt 1521. — Aufstände des Pöbels. — Pflichtvergessenheit des Magistrats. — Treiben der Prädicanten. — Der abgefallene Augustiner Johann Lang. — Verunglimpfung der katholischen Kirche. — Der Humanist Johann Femelius für die Heiligenverehrung. — Luther gegen Usingen S. 27—41.

Viertes Kapitel.

Usingens Kampf mit den Erfurter Prädicanten.

Usingen wird Domprediger. — Grosser Zulauf. — Anfeindungen von seiten der Prädicanten. — Verunglimpfungen von seiten des Pöbels. — Literarischer Kampf. — Eine Schrift von Johann Culsamer. — Usingens Antwort. — Replik Culsamers. — Derbe Polemik. — Eine Predigt über den Primat. — Georg Forchheim. — Ketzerstrafen. — Eine Kreuzpredigt. — Mechler und Culsamer streuen Verleumdungen gegen Usingen aus. — Langs Benehmen gegen Usingen und die religiösen Orden. — Streitschriften zwischen Mechler und Usingen. — Predigt Culsamers gegen Usingen und den katholischen Clerus. — Die falschen Propheten. — Warum sie gern gehört werden. — Nachlässigkeit der Hirten. — Lang über das Gelübde der Keuschheit. — Usingens Antwort. — Eine verhinderte Disputation. — Gewaltsame Vertreibung S. 42—63.

Fünftes Kapitel.

Die Lehre von der Rechtfertigung.

Die Rechtfertigung eine Gerechtmachung. — Sie geschieht durch die heiligmachende Gnade. — Ein unverdientes Geschenk der göttlichen Barmherzigkeit. — Nothwendigkeit der Vorbereitung. — Gnade und freier Wille. — Nothwendigkeit des Glaubens, der Reue, der Hoffnung und Liebe. — In welchem Sinne der Glaube, und zwar der Glaube allein, rechtfertige. — Nothwendigkeit der guten Werke. — Christi Verdienst und unsere Verdienste. — Verdienst der guten Werke abhängig von der Gnade Gottes. — Bei den Katholiken kein Vertrauen auf die eigenen Leistungen. — Keine äussere Werkheiligkeit. — Gegnerische Verleumdungen. — Welche Werke und welche Absicht Usingen vor allem anempfiehlt S. 63—75.

Sechstes Kapitel.

Usingens Stellung zur Kirche und zu den kirchlichen Missbräuchen.

Glaubenskräftiges kirchliches Bewusstsein. — Autorität der Heiligen Schrift. — Die Schrift nicht alleinige Glaubensquelle. — Warum die Schrift allein nicht genüge — Nothwendigkeit des kirchlichen Lehramtes. — Ausser der Kirche kein Heil. — Papstthum. — Usingen gegen die Missbräuche. — Nachlässigkeit der Bischöfe. — Aergerliches Leben unter den Geistlichen. — Priestercölibat. — Gelübdebrüchige Priester und Mönche. — Pfründensucht. — Bevorzugung der juristischen Studien. — Schlimme Folgen des überwiegenden Einflusses der Juristen. — Missbrauch der kirchlichen Censuren und Dispensen. — Klage über die vielen Gesetze. — Die neue Irrlehre ein Strafgericht Gottes. — In welchem Sinne Usingen eine Reform befürwortet. — Sein Urtheil über die neuen Reformatoren S. 76—89.

Siebentes Kapitel.
Usingen über die Folgen der Glaubensneuerung.

Verfall des charitativen Lebens. — Zunahme der öffentlichen Laster. — Zusammenhang dieser Zustände mit den neuen Grundsätzen. — Unerbauliches Auftreten der Erfurter Prädicanten. — Ihre Lästerungssucht. — Klagen der neugläubigen Humanisten Eoban Hessus und Euricius Cordus über das zunehmende Verderben. — Verfall der Erfurter Universität. — Usingens Klagen. — Ausfälle der Neuerer gegen die Hochschulen. — Gründe dieses feindlichen Auftretens. — Bekämpfung der Vernunft und der Philosophie durch die Erfurter Prediger. — Klagen der Erfurter Humanisten. — Usingens Besorgnisse für die Zukunft Deutschlands. — Der Bauernkrieg von den Prädicanten angefacht. — Erfurt im Bunde mit den Aufständischen. — Schmählicher Vertrag. — Plünderung der Kirchen und Klöster. — Unterdrückung des katholischen Gottesdienstes. — Usingen findet eine Zufluchtsstätte in Würzburg S. 89—104.

Achtes Kapitel.
Letzte Lebensjahre.

Eine Schrift gegen den Würzburger Dompradiger Johann Haner. — Usingen als bischöflicher Visitator der Klöster. — Predigten. — Anhaltendes Studium. — Schriften über das Fegfeuer, über die Anrufung der Heiligen. — Widerlegung einer Predigt Luthers gegen die Marienverehrung. — Ermahnung zur Rückkehr. — Eine Schrift gegen Luther und die Wiedertäufer. — Widersprüche der Neuerer bezüglich der Ketzerstrafen. — Schriften über die lutherische Kirche, über das heilige Messopfer. — Die sieben heiligen Sacramente. — Wirksamkeit der Sacramente ex opere operato. — Luther und Petrus von Ailly über die Transsubstantiation. — Was vor allem bei der Beichte erfordert sei. — Ablässe. — Eine Schrift über das Marburger Religionsgespräch. — Auf dem Reichstage von Augsburg 1530. — Eine Schrift gegen Melanchthons Apologie der Augsburger Confession. — Usingens Tod S. 105—126.

Usingens Schriften S. 127—132. — Ergänzung S. 133. — Personenregister S. 135—156.

Titel der mehrmals angeführten Werke.

Blick, S., Verderben und Schaden der Lande und leuthen um gut, leybe, ehre unnd der seien seligkeit ause Lutherischen und seines anhangs lehre zugewant, durch Simonem Apt zu Begawe mit einhelliger seiner Brüder vorwilligung, hierinnen Christlich angetzeigt und ausgedruckt. Leipzig 1524.

Eobani Hessi et Amicorum ipsius Epistolarum familiarium Libri XII. Marpurgi 1543.

Höhn, A., Chronologia provinciae Rheno-Suevicae ord. Fratrum Erem. S. Augustini. Wirceburgi 1744.

Janssen, J., Geschichte des deutschen Volkes seit dem Ausgang des Mittelalters. II. Bd. 13. Aufl. Freiburg 1889.

Kampschulte, F. W., Die Universität Erfurt in ihrem Verhältnisse zu dem Humanismus und der Reformation. Trier 1858. 1860.

Kapp, J. E., Kleine Nachlese einiger, grösstentheils noch ungedruckter und sonderlich zur Erläuterung der Reformationsgeschichte nützlicher Urkunden. II. Bd. Leipzig 1727.

Kawerau, G., Briefwechsel des Justus Jonas. 1. Hälfte. In den Geschichtsquellen der Provinz Sachsen. XVII. Bd. Halle 1884.

Kirchenlexikon, Wetzer und Welte's, oder Encyklopädie der katholischen Theologie. 2. Aufl. Freiburg 1882 ff.

Köstlin, J., Martin Luther. 2. Aufl. Elberfeld 1883.

Kolde, Th., Die deutsche Augustinercongregation und Johann von Staupitz. Gotha 1879.

— Analecta Lutherana. Briefe und Actenstücke zur Geschichte Luthers. Gotha 1883.

— Martin Luther. I. Bd. Gotha 1884.

Krause, C., Helius Eobanus Hessus. Gotha 1879.

Luther, M., Sämtliche Werke. Erlangen 1826 ff.

— Opera latina varii argumenti ad reformationis historiam imprimis pertinentia cur. H. Schmidt. Francofurti 1865 sqq.

— Briefe, gesammelt von de Wette. Berlin 1825 ff.

Milensius, F., Alphabetum de monachis et monasteriis Germaniae et Sarmatiae citerioris Ordinis Erem. S. Augustini. Pragae 1613.

Nitsch, Fr., Luther und Aristoteles. Kiel 1883.

Plitt, G., Jodocus Trutfetter von Eisenach, der Lehrer Luthers, in seinem Wirken geschildert. Erlangen 1876.

Prantl, C., Geschichte der Logik im Abendlande. IV. Bd. Leipzig 1870.

Real-Encyklopädie für protestantische Theologie und Kirche. Zweite Ausgabe. Leipzig 1878 ff.

Riederer, J. B., Nachrichten zur Kirchen-, Gelehrten- und Büchergeschichte. I. Bd. Altdorf 1764.

Schneid, M., Aristoteles in der Scholastik. Eichstätt 1875.

Ullmann, C., Reformatoren vor der Reformation. I. Bd. Hamburg 1841.

Weissenborn, H., Acten der Erfurter Universität. I. und II. Theil. Halle 1881. 1884. In den Geschichtsquellen der Provinz Sachsen. VIII. Bd.

Erstes Kapitel.
Usingen als Lehrer der Philosophie.

Bartholomäus Arnoldi, aus Usingen in Nassau, daher auch kurzweg Usingen genannt, wurde geboren um 1465[1]. Im Spätjahr 1484 bezog er die Erfurter Universität[2], die sich damals in ganz Deutschland eines grossen Ansehens erfreute. „Wer gut studiren will," sagte das Sprichwort, „der ziehe nach Erfurt."[3] Usingen selbst trug nicht wenig dazu bei, dass der thüringischen Hochschule ihr guter Ruf noch längere Zeit erhalten blieb. Nachdem er im Jahre 1491 Magister der freien Künste geworden[4], erhielt er den Auftrag, die Philosophie zu lehren. Dies that er nun 30 volle

---

[1] In seinen polemischen Schriften aus den Jahren 1524—1526 (Nr. 13, C 8 b; Nr. 18, J 4 a) nennt er sich mehrmals „sexagenarius". Der Kürze halber werden die Schriften Usingens nur mit der Nummer, die denselben in dem unten mitgetheilten Verzeichnisse beigegeben ist, angeführt. Wo das Gegentheil nicht erwähnt wird, ist immer die erste Ausgabe gemeint.

[2] Weissenborn I, 406: „Bartholomäus Textoris de Usyngen". Dieser B. Textoris (Weber) ist sicher niemand anders als B. Arnoldi. Lorenz Arnoldi von Usingen, ohne Zweifel ein Bruder des Bartholomäus, wurde ebenfalls unter dem Namen Textoris immatriculirt: „1496. Laurencius Textoris de Usingen" (Weissenborn II, 192). Er wurde später Professor an der Erfurter Universität und starb 1521 an der Pest. Obgleich in humanistischen Kreisen sich bewegend, blieb er doch ein treuer Sohn der katholischen Kirche. Vgl. über ihn Weissenborn II, 804; Kampschulte I, 68; II, 137, n. 2; Krause I, 29. 247. 384. Sein Bruder Dietrich (Ditherna) wurde mit ihm 1496 immatriculirt (Weissenborn II, 192). Ein „Trebaldus Textoris de Usingen" kam nach Erfurt im Jahre 1521 (Weissenborn II, 872). Der Vater unseres Bartholomäus wird wohl Arnold Weber geheissen haben. B. Arnoldi wäre demnach folgenderweise zu verstehen: Bartholomäus filius Arnoldi. [3] Kampschulte I, 26.

[4] K. Jürgens, Luthers Leben, Leipzig 1846, I, 431.

Jahre; erst beim Ausbruch der religiösen Wirren wurde er in einen andern Wirkungskreis versetzt.

Dass seine Vorlesungen, die er zum Theil im Druck veröffentlichte, mit grossem Beifall aufgenommen wurden, beweisen schon die zahlreichen Ausgaben seiner philosophischen Lehrbücher. Usingens Erstlingsschrift, über die Grundfragen der Naturphilosophie, erschien 1499 zu Leipzig[1]. Bald wurde dies Compendium an verschiedenen Orten, wie in Erfurt, Basel und Wien, neu aufgelegt, und noch im Jahre 1543 liess die philosophische Facultät der Erfurter Hochschule eine officielle Ausgabe veranstalten. Johann Curio, Lehrer der Medicin in Erfurt, dem diese Arbeit übertragen wurde, widmete dieselbe dem Abte Nicolaus Hopfner in Homburg und ertheilte bei dieser Gelegenheit dem bereits verstorbenen Verfasser die schönsten Lobsprüche: Sein Lehrbuch der Philosophie sei nicht nur in Erfurt, sondern auch an andern Hochschulen mit grossem Beifall aufgenommen worden; obgleich die letzte Ausgabe in mehr als 2000 Exemplaren erschienen, so sei sie doch schon gänzlich ausverkauft. Der Verfasser hätte übrigens die ihm zutheil gewordene Anerkennung vollauf verdient. Sei er doch ein Mann gewesen von hervorragender, vielumfassender Gelehrsamkeit[2]; dazu habe er ein so frommes, tugendhaftes Leben geführt, dass man ihn wohl den Heiligen beizählen dürfe[3]. Insbesondere habe er stets eine grosse Liebe zu der studirenden Jugend an den Tag gelegt; jedermann sei es bekannt, wie sehr er bestrebt gewesen, seine Schüler in ihren Studien zu fördern und zu unterstützen[4].

[1] Parvulus philos. naturalis. Vgl. unten im Schriftenverzeichnis Nr. 1.

[2] „Vir in nullo non disciplinarum genere exercitatissimus et in consiliis prudentissimus, adeo ut a summis christiani orbis monarchis saepius gravissimis negociis discutiendis adhibitus fuerit."

[3] „Pietas vero, sanctimonia vitae et morum probitas in eo, dum viveret, tam illustres exstiterant, ut modo hac vita corporali functus, Divorum catalogo adscriptus credatur."

[4] „Benignitas in juvandis et provehendis ingenuorum puerorum studiis non obscura, sed cuivis obvia et exposita." Widmungsschreiben an Hopfner. Erfurt, 27. Februar 1543.

Wundern wir uns also nicht, wenn Eoban Hessus, der damalige „Poetenkönig", unsern Usingen als eine der vorzüglichsten Zierden der Erfurter Universität besingt, wenn er ihm nachrühmt, dass jedermann die Kenntnisse des gefeierten Lehrers bewundere, dass namentlich die Jugend mit grosser Liebe ihm zugethan sei [1].

Welchen Beifall Usingens Schriften gefunden, ersehen wir auch aus der grossen Verbreitung, deren sich sein Compendium der Logik erfreute [2]. Letzteres Werk, das sich durch Kürze und Einfachheit auszeichnet [3], ist im Vergleich zu andern Werken jener Zeit ein recht brauchbares Schulbuch. Während in der oben erwähnten Schrift manche spitzfindige Streitfragen der aristotelischen Scholastik erörtert werden, lässt Usingen in seiner Logik alles Polemische beiseite und begnügt sich mit der Erklärung der Regeln, die geeignet sind, den Schüler zu einem richtigen Denken anzuleiten.

Derselbe Gegenstand wird von Usingen viel ausführlicher behandelt in zwei weitern Schriften, die sich eng an die logischen Werke des Aristoteles und des Porphyrius anschliessen [4]. Auch

---

[1] „Et decus et nostrae specimen, laus, fama palaestrae,
   Vivida cui multum debet Dialectica. Cujus
   Ingenio Chrysippe tui laus caedit acervi.
   Per te floret honor studii, per te utraque multis
   Quae lateat natura patet. Te grata juventus,
   Grata senectus colit, stupet, admiratur amatque."
Eob. Hessus, De laudibus et praeconiis inclyti Gymnasii litteratorii apud Erphordiam Carmen. Erphordiae 1507. A 4 b.

[2] Vgl. unten Schriftenverzeichnis Nr. 2.

[3] Auch Prantl (S. 244) erklärt, dass in der Schrift Usingens „alles weit einfacher und kürzer behandelt ist" als in einem ähnlichen Werke des gefeierten Erfurter Lehrers Jodocus Trutfetter. Von Trutfetter und Usingen sagt Kolde (Luther I, 57): „Beide waren gleich ausgezeichnet als Lehrer der Logik und Dialektik. Diese beiden Disciplinen waren es auch, die im Vordergrunde des Interesses standen." Von zwei verschiedenen Disciplinen kann hier keine Rede sein. Logik und Dialektik waren gleichbedeutend. „Logica dicitur etiam dialectica", sagt Usingen (Nr. 7, A 2 b).

[4] Nr. 7: Exercitium veteris artis. Nr. 8: Exercitium novae Logicae.

zur Physik und zur Psychologie des Aristoteles schrieb der Erfurter Lehrer zwei grössere Commentare¹.

Dass der Stagirite bei Usingen wie bei allen Scholastikern in hohem Ansehen stand, braucht wohl nicht besonders hervorgehoben zu werden. Nach Luther hätten die katholischen Gelehrten jener Zeit dem heidnischen Philosophen sogar in Glaubenssachen dieselbe Autorität wie dem göttlichen Heilande beigelegt². „Aristotelem, den Heiden," erklärte der Wittenberger in seinen Tischreden, „hielt man in solchen Ehren, dass, wer ihn verneinete oder ihm widersprach, der ward zu Köln für den grössten Ketzer gehalten und verdammt."³ Allein es ist dies eben nur eine jener maasslosen Uebertreibungen, die bei Luther so häufig vorkommen. Wohl gab es einige unbesonnene Leute, die aufs höchste sich entrüsteten, wenn jemand es wagte, dem griechischen Philosophen zu widersprechen, die zudem behaupteten, dass Aristoteles von der kirchlichen Lehre in keinem einzigen Punkte abweiche. Solche Leute, meint aber Usingen, seien nicht würdig, Philosophen genannt zu werden. Hätten sie die aristotelischen Schriften aufmerksam gelesen, so würden sie wissen, dass Aristoteles namentlich in Bezug auf die Lehre von der Erschaffung der Welt mit der Heiligen Schrift in Widerspruch stehe. Ueberdies habe schon Scotus erklärt, dass die Schriften des Aristoteles viel eher mit dem Alkoran als mit dem Evangelium in Einklang zu bringen seien⁴.

Unter „alter Logik" versteht Usingen, nach dem damaligen Sprachgebrauche, den ersten Theil der Logik, der sich mit den Wortformen und Sätzen beschäftigt. Den zweiten Theil, worin die Schlüsse behandelt werden, hiess man „neue Logik". Hier der Grund dieser sonderbaren Bezeichnung: Die alte Logik beschäftigt sich mit den Theilen des Schlusses; nun sind aber die Theile früher und älter als das Ganze. Vgl. Nr. 3, A 3 b; Nr. 8, A 2 a. ¹ Nr. 5 und Nr. 4.

² „Invaluit philosophia, ut Christo Aristotelem aequarit, quantum ad antoritatem et fidem pertinet" (Opera lat. varii argum. V, 885).

³ Sämtliche Werke LVII, 88.

⁴ „Quidam proterve insultant dicentes blasphemare illos in scolis philosophorum qui negant Aristotelem. Et quod plus est, dicunt Aristo-

Usingen ist demnach weit entfernt, den heidnischen Philosophen als dogmatische Autorität gelten zu lassen. Wiederholt fühlt er sich veranlasst, auf dessen religiöse Irrthümer hinzuweisen. Die Erschaffung der Welt, sagt er einmal, sei den heidnischen Weltweisen, auch dem Aristoteles, unbekannt geblieben; diese Wahrheit haben wir einzig und allein der übernatürlichen Offenbarung zu verdanken. Daraus gehe hervor, wie unzulänglich die Philosophie sei, wie erhaben dagegen die Heilige Schrift über alle Kenntnisse, die wir mit dem natürlichen Verstand erlangen können[1].

Aber nicht bloss bezüglich der religiösen Wahrheiten, auch in rein philosophischen Fragen ist Aristoteles, Usingen zufolge, keine Autorität, der man nicht widersprechen dürfe. Wenn er auch unter den Philosophen die erste Stelle einnimmt, so sind doch seine Schriften nicht frei von verschiedenen Irrthümern. Und dies darf uns durchaus nicht wunder nehmen. Die philosophische Wahrheit ist von keinem einzigen Gelehrten vollkommen erfasst worden, so dass den andern nichts mehr zu erforschen übrig bliebe. Die Wissenschaften vervollkommnen sich nach und nach[2]. Wie Aristoteles in die Arbeiten seiner Lehrer eingetreten und dieselben hier und da berichtigt hat, so sind später dessen eigene Forschungen von andern weitergeführt worden. Dabei hat es sich herausgestellt, dass der Meister in mehreren Punkten

---

telem nusquam sensisse contra fidem catholicam. Quibus respondens moneo quatinus obmutescant et Aristotelem diligentius legant . . . Non legerunt illi philosophum mundum fuisse ab aeterno posuisse, quem errorem elidit Moyses, veritatis vates. Legant illi Scotum qui circa primum dicit Aristotelis scripta magis conformia esse legi mahumeticae quam christianae. Sed cesso ulterius verba facere de illis, quoniam non sunt philosophi, id est veritatis amatores, sed philosophorum derisores" (Nr. 1, f. 186 a).

[1] „Patet inde insufficientia philosophorum et excellentia sacrae paginae super notitias humanitas et sola lumine naturae investigatas" (Nr. 1, f. 18 a).

[2] Deshalb erklärt der hl. Thomas es als Pflicht für jeden Forscher, dass er den Leistungen der Vorgänger etwas hinzufüge: „quia ad quemlibet pertinet superaddere id quod deficit in consideratione praedecessorum". Bei Schneid S. 96.

geirrt, ja sich selbst offenkundig widersprochen hat[1]. Man darf deshalb von seinen Ansichten sehr wohl abweichen, wie man ja auch in gewissen Punkten abweicht von andern sehr erleuchteten Männern, die ebenso gelehrt waren als Aristoteles.

Zu diesen erleuchteten Männern, deren Ansichten man nicht nothwendigerweise zu theilen brauche, zählt Usingen auch die heiligen Väter und die grossen Scholastiker, wie Anselm, Thomas von Aquin und andere. Hätten doch dieselben sowohl in der Theologie als in der Philosophie nicht selten geirrt. Es sei demnach unstatthaft, behaupten zu wollen: Diese oder jene Ansicht befinde sich beim hl. Thomas oder bei andern heiligen Kirchenlehrern, darum müsse man daran festhalten. So sprechen nur unverständige Leute, meint der Erfurter Lehrer. Die heiligen Väter hätten ja nicht alles, was sie geschrieben, aus Eingebung des Heiligen Geistes gelehrt; gar manches hätten sie nur unvollkommen erkannt[2]. Zwar seien die Schriften des hl. Thomas von der Kirche gut-

---

[1] „Quamvis Aristoteles habitus sit inter philosophos tanquam princeps, non tamen sua scripta undecunque quadrant veritati, nec philosophia infudit se uni homini tota et nihil reliquit aliis, cum in omnibus bene dicere et penitus in nullo deviare plus angelicum sit quam humanum. Unde secundum eumdem scientiae crescunt per additamenta. Sicut ergo ipse ingressus est labores suorum magistrorum et invenit eos quandoque errasse, sic alii ingressi sunt suos labores et invenerunt eum non solum errasse, verum etiam sibi ipsi clarissime contradixisse" (Nr. 1, f. 182 b). Vgl. Nr. 4, G a: „Respondetur philosophum non attigisse omnem veritatem luminis naturae, nec omnia philosophorum dicta, qui secuti sunt lumen naturae in quantum potuerunt, sunt vera in lumine naturae, quia non attigerunt totum lumen naturae nec calluerunt meram sapientiam, sed variis erroribus permixtam."

[2] Dass Usingen hiermit die übereinstimmende Lehre der Väter in Glaubenssachen als Glaubensregel nicht verwirft, braucht wohl nicht besonders hervorgehoben zu werden; in seinen Schriften betont er öfters die Autorität der Väter. Vgl. Nr. 12, G 8 b: „Quos (Patres) docet imitandos ab omnibus fidelibus in Scripturarum expositione quam recipit Ecclesia, quae nos certificat illorum expositionem esse a Spiritu sancto, quantumvis homines fuerint errare potentes in propriis, non autem in his quae a Spiritu sunt veritatis."

geheissen worden, aber doch nur insofern dieselben mit der Wahrheit übereinstimmen. „Dies habe ich hier näher erklären wollen," schliesst Usingen seine Ausführungen, „damit die unerfahrene Jugend sich nicht durch hochtrabende Worte vom Pfade der Wahrheit abschrecken lasse." [1]

Man sieht, der Erfurter Lehrer bekundet eine grosse Selbständigkeit [2]. Ueberhaupt will er in der Philosophie den Autoritätsbeweis nicht gelten lassen [3]. In der Theologie sei zwar dieser Beweis allein entscheidend: sobald es feststehe, dass eine Wahrheit von der Heiligen Schrift oder der kirchlichen Ueberlieferung genügend bezeugt sei, müsse man diese Wahrheit glauben, ohne dass hierzu weitere Gründe nothwendig wären. Ganz anders in der Philosophie: hier habe die angeführte Autorität nur dann einen Werth, wenn dieselbe auf gute Gründe sich stütze. Deshalb tadle auch Cicero die Pythagoräer, die, statt für ihre Lehrsätze triftige Gründe vorzubringen, sich immer nur auf ihren Meister beriefen [4].

Obgleich aber Usingen die Vernunft als alleinige Quelle der philosophischen Wahrheit gelten lässt [5], so fordert er

---

[1] Nr. 1, f. 188 b.

[2] Es verdient auch bemerkt zu werden, dass Usingen von der Astrologie, die im Zeitalter des Humanismus und der Reformation einen so grossen Aufschwung nahm, nichts wissen wollte. Sie stütze sich, meint er, auf erlogene und fabelhafte Gründe: „rationibus commentitiis et fabulosis" (Nr. 8, A 5 b).

[3] Vgl. Schneid S. 57: „Wir lesen bei allen Scholastikern abfällige Urtheile über den Autoritätsbeweis; sie halten ihn für den schwächsten; sie machen sich lustig über das αὐτὸς ἔφα der Pythagoräer und finden in der Hingabe an die Autorität lediglich um der Autorität willen ein Hinderniss für die Wissenschaft. Der Philosoph müsse der Vernunft folgen, und nur wenn die Autorität mit dieser übereinstimmt, dann dürfe man ihr folgen."

[4] „Argumentum ab auctoritate duplex est, scilicet theologicum et philosophicum. Theologicum est fortissimum... Philosophicum est debilissimum, quia in philosophia auctoritas nisi ratione munita sit, parum probat, quia auctoritati statur propter rationem probantem eam esse veram" (Nr. 1, f. 181 b).

[5] „Lumen naturae seu ratio naturalis dicit cognitionem qua quis ex

doch, dass der christliche Philosoph das Ergebniss seiner Forschungen an der übernatürlichen Offenbarung prüfe, um dasselbe fallen zu lassen, sobald es mit der geoffenbarten Wahrheit in Widerspruch trete. Alles, was mit der katholischen Lehre nicht im Einklang stehe, müsse als Irrthum verworfen werden; denn was in der Theologie falsch ist, kann in der Philosophie nicht wahr sein[1]. Vernunft und Glauben, die beide von Gott stammen, können sich einander nicht widersprechen[2]. Der Philosoph kann wohl hier und da zu Resultaten gelangen, die der kirchlichen Lehre schnurstracks zuwider sind. Aber dann muss er sich eben sagen, dass seine schwache Vernunft auf Irrwege gerathen sei[3]. Die Kirche dagegen, die vom Heiligen Geiste geleitet wird, kann niemals irren; daher muss auch die Kirche allen Gläubigen als Richtschnur der Wahrheit gelten[4].

Man hat früher behauptet, dass beim ausgehenden Mittelalter an der Universität Erfurt eine freisinnige oder geradezu oppositionelle Richtung geherrscht habe[5]. Von einer solchen Richtung ist bei Usingen nichts zu finden. Aber auch andere

propriis naturalibus absque notitia infusa cognoscit. Cui lumini et rationi innititur philosophia" (Nr. 3, M b).

[1] „Quod non est verum in theologia, non est verum in philosophia. Obvians veritati catholicae est erroneum; in illam enim omnia studia humana ordinari debent et ab illa moderationem et regulationem capere" (Nr. 1, f. 18 a).

[2] „Quod verum est vel falsum in lumine fidei et in theologia, hoc etiam est tale in lumine naturae et in philosophia, quia ista lumina non opponuntur, cum utrumque sit lumen veritatis et omne verum vero consonat" (Nr. 4, O a). Cf. Nr. 4, Y 4 b: „Principia naturalis rationis et luminis non repugnant principiis et veritatibus theologicis; ideo quod verum est in theologia, etiam verum est in philosophia."

[3] „Omnia argumenta contra fidem catholicam facta sunt sophistica in materia vel forma peccantia" (Nr. 4, Z b).

[4] „Secundum beatum Augustinum Ecclesiae catholicae auctoritas est major quam tota humanae rationis capacitas, quia Ecclesia a Spiritu sancto regitur. Quare quivis fidelium in Ecclesiae obsequium debet captivare suum ingenium" (Nr. 3, M b). Cf. Nr. 4 in fine: „Veritas catholica, cui impossibile est falsum subesse." [5] Kampschulte I, 14 ff.

Männer, auf die man sich beruft, sind in Erfurt nie offen gegen die kirchliche Autorität aufgetreten. Als Vertreter dieses angeblichen Oppositionsgeistes soll namentlich Johann von Wesel gelten, der längere Zeit Professor in Erfurt gewesen und im Jahre 1479 als Domprediger iu Worms vom Mainzer Inquisitionsgerichte wegen verschiedener unkirchlicher Lehrsätze zu lebenslänglicher Haft verurtheilt wurde [1]. Nun ist es allerdings wahr, dass Wesels philosophische Schriften an der Erfurter Universität in hohem Ansehen standen. „Johann Wessalia", sagte später Luther, „hat zu Erfurt mit seinen Büchern die hohe Schule regiert, aus welchen ich daselbst auch bin Magister geworden." [2] Usingen bezeugt ebenfalls, dass Wesels Andenken in Erfurt glorreich fortlebte [3]. Er glaubt sich sogar einmal entschuldigen zu sollen, dass er es wage, in einer gewissen philosophischen Frage dem berühmten Vorgänger entgegenzutreten. Meister Wessalia, erklärt Usingen bei dieser Gelegenheit, habe wohl ziemlich gelehrte Schulbücher verfasst; doch seien seine Schriften nicht ganz frei von Irrthümern, was uns nicht wunder nehmen dürfe, da es nicht leicht sei, einen Schriftsteller zu finden, an dem nichts zu tadeln wäre [4]. Der Kritiker hebt dann aus Wesels Com-

---

[1] Vgl. Kirchenlexikon VI, 1786 ff. Ullmann S. 240—418.

[2] Sämtliche Werke XXV, 825. Plitt (S. 15) wundert sich, dass in den Schriften Trutfetters Wesel nie erwähnt wird: „Das bleibt auffällig, ja räthselhaft, auch wenn man annimmt, dass Wesels Bücher nicht gedruckt waren. Man fühlt sich veranlasst zur Annahme, dass Luther bei jener fast 40 Jahre später gemachten Angabe geirrt habe, und doch lautet diese dazu wieder zu bestimmt und zuversichtlich." Aehnlich äussert sich Köstlin I, 43. 778. Von Usingen erfahren wir, dass Luthers Bericht auf Wahrheit beruht.

[3] „Magister Wessalia, cujus fama celebris est in Erfurdiensi gymnasio" (Nr. 1, f. 136 a).

[4] „Si instiseris: Scripta Wessaliae multos annos disputata sunt Erfurdiae et in magno honore habita, quomodo ergo tu audes ea tam aperte falsitatis arguere et ab eis descisicere? Respondeo: Magister Wessalia magistraliter scripsit et satis docte pro aedificatione scolarium, sed sua scripta non in omni parte quadrant veritati" etc. (Nr. 1, f. 136 a).

mentar zur aristotelischen Physik' einen besondern Irrthum hervor und schliesst mit der etwas geheimnissvollen Bemerkung: „Ich möchte noch manches andere beifügen, doch übergehe ich es mit Stillschweigen, weil es nicht nothwendig ist, alles an die grosse Glocke zu hängen; den Gelehrten sind übrigens diese Dinge bekannt genug."²

Es ist dies ohne Zweifel eine Anspielung auf Wesels unkirchliche Lehren, die Usingen ganz genau kannte³, während in weitern Kreisen die Erinnerung daran damals schon erloschen war. Luther wenigstens scheint nichts Näheres darüber gewusst zu haben⁴, und dasselbe wird wohl auch der Fall gewesen sein bei den meisten Studirenden der Erfurter Hochschule, was um so weniger befremden darf, als Wesel in Erfurt selbst nie etwas Unkirchliches gelehrt hat. Dies bezeugt er selber in einem interessanten Schriftstück, das uns von Usingen erhalten worden⁵. Johann von Lutter (de

¹ Diese Schrift, die wohl nie gedruckt worden ist, habe ich sonst nirgendwo erwähnt gesehen.

² „Multa alia vellem tibi adhuc indicare, sed transeo, quia non omnia in vulgus sunt pronuncianda, doctis per se clarebunt" (Nr. 1, f. 138 b).

³ Die Würzburger Universitätsbibliothek verwahrt einen Band handschriftlicher Aufzeichnungen von Usingen. Vgl. Schriften Nr. 24. Darin befindet sich auch folgendes Stück (f. 182 b): „Joannes de Wesalia doct. theol. erphurdiensis, praedicator saecularis in diversis locis, Bohemis communicavit. Cujus errores Moguntiae condemnati sunt sub Frederico imperatore tertio. Confessus autem fuit proprio ore in judicio illos errores." Folgt dann eine lange Aufzählung der verurtheilten Irrthümer, die aus den betreffenden Processacten genugsam bekannt sind.

⁴ Dass Luther die gegen Wesel vorgebrachten Klagepunkte nicht kannte, beweisen seine eigenen Worte: „Ich gedenke, wie M. Johannes Wesalia, der zu Mainz Prediger gewest, allein darum musste verdammt sein von den verzweifelten, hoffärtigen Mördern, genannt haereticae pravitatis Inquisitores Prediger-Mönche, dass er nicht wolt sagen: credo Deum esse, sondern sprach: scio Deum esse." Bei Ullmann S. 410.

⁵ In dem erwähnten Codex Nr. 24, f. 69—71. „Disputatio per litteras de duabus theoriciis Lutriae et Wesaliae, quas Wesalia asserit. Quarum 1ª est: Nec papam nec concilium quidquam sub peccato mortali posse praecipere aut statuere, sed duntaxat sub temporali coercitione. 2ª est: Nec papam esse vicarium Christi."

Lutria), der zuerst Prediger in Erfurt gewesen und nachher dasselbe Amt bis zu seinem Tode (1479) in Mainz versah[1], hatte gelegentlich einer schriftlichen Controverse mit Wesel letzterem vorgehalten, wie er öfters auf der Universität erklärt habe, nie etwas behaupten zu wollen, das gegen die Lehre der römischen Kirche verstosse[2]. Wesel gab dies zu, nur glaubte er sich rechtfertigen zu können mit den Worten des Apostels: „Als ich ein Kind war, redete ich wie ein Kind, hatte Einsicht wie ein Kind; jetzt aber habe ich, was kindisch war, abgelegt."[3] Als Vertreter einer oppositionellen Richtung an der Erfurter Universität wird man demnach Wesel nicht mehr anführen dürfen.

Auch das philosophische System, zu dem sich alle Erfurter Lehrer bekannten, der sogenannte „moderne Weg", war keineswegs von kirchlichem Oppositionsgeiste angehaucht, wie hier und da noch behauptet wird. Bekanntlich gab es beim ausgehenden Mittelalter in den philosophischen Schulen zwei Hauptrichtungen: die „alte" (via antiqua) und die „moderne" (via moderna). Unter den „Modernen" versteht man gewöhnlich die Nominalisten, während die „Alten" als Realisten bezeichnet werden. Man würde indes irren, wollte man den Gegensatz der zwei Richtungen hauptsächlich in der verschiedenen Auffassung der Universalienfrage suchen[4]; die

---

[1] Ullmann (S. 509) erwähnt einmal diesen Lutter, doch wusste er nichts von dessen Beziehungen zu Wesel.

[2] „Vos saepius in scholis protestati estis nihil dicere aut asserere velle quod sanctae romanae ecclesiae aut doctoribus ab ea approbatis sit dissonum" (f. 60 b).

[3] „De protestatione quam saepe in scholis feci, dico: Quod loquendum est ut multi, sapiendum vero ut pauci. Dum parvulus essem, loquebar ut parvulus, sapiebam ut parvulus; sed in hac palestra evacuavi quae sunt parvuli" (f. 70 b).

[4] Prantl (S. 185 ff.) hat mit Recht hervorgehoben, dass die Universalienfrage keine entscheidende Rolle spielte; er irrt jedoch, wenn er behauptet, „dass die Verschiedenheit der Ansichten sich primär auf Material und Methode des logischen Unterrichts, nicht aber auf einen speculativen Gegensatz bezog" (S. 194). Man braucht nur

Universalien spielten hier eine ganz untergeordnete Rolle [1]. Der Gegensatz lag viel tiefer; er bezog sich auf eine ganze Reihe von speculativen Fragen. Während z. B. die „Alten" in den erschaffenen Dingen wirklich verschiedene Theile annahmen, so waren die „Modernen" bestrebt, alle diese „realen Verschiedenheiten" der Thomisten sowie auch die scotistischen „Formalitäten" nach Möglichkeit zu beseitigen. Ihnen galt als oberster Grundsatz, dass die Dinge ohne Noth nicht zu vervielfältigen seien [2]. Daher läugneten sie auch in der Psychologie jede wirkliche Verschiedenheit der Seelenkräfte von der Seele selbst und voneinander gegenseitig. Verstand und Wille,

---

Usingens Naturphilosophie einzusehen, um sich zu überzeugen, dass in sehr vielen speculativen Fragen die Modernen und die Alten ihre eigenen Wege giengen.

[1] Es möge hier der irrigen Auffassung entgegengetreten werden, als hätten die spätern Nominalisten den allgemeinen Begriffen jedwede Objectivität abgesprochen und dieselben nur als „flatus vocis" betrachtet. Sie lehrten vielmehr, dass diesen Begriffen, die durch Abstraction gewonnen werden, ausser dem abstrahirenden Geiste etwas Wirkliches entspreche. So lehrt Usingen, Nr. 7, C 3 a: „Universale logicum fundatur super rebus singularibus; conceptus universalis formatur a rebus singularibus (per abstractionem). Quare universale illud non dicitur fictum, quia habet correspondentiam in re." Obgleich es keine allgemeinen Dinge gebe, so seien doch die allgemeinen Begriffe keine blosse subjectiven flatus vocis. „Objectio. Anselmus dicit: Qui non nisi flatus vocis putant esse universalia, non sunt dialectici, sed diabolici haeretici; igitur res sunt universales. — Respondeo: Anselmum loqui de flatu vocis sine correspondentia rei" (C 4 a). Worin indes der Unterschied zwischen der spätern realistischen und nominalistischen Auffassung lag, kann hier mit wenigen Worten nicht angegeben werden. Vgl. Nr. 7, C 4 b.

[2] So sagt Usingen anlässlich der Ansicht, dass zwischen der Wesenheit der materiellen Dinge und deren Ausdehnung kein wirklicher Unterschied bestehe: „Fundamentum generale illius opinionis est commune fundamentum viae modernae quo utuntur moderni contra antiquos, scilicet quod non sit ponenda pluralitas sine necessitate" (Nr. 1, f. 127 b). Vgl. was er bei Zurückweisung einer andern Ansicht der „Alten" sagt: „Patet primam opinionem esse quandam superfluam fictionem res multiplicantem sine necessitate, quare a modernis brevitatis gaudentibus veritatemque colentibus ac vanas fabulas fastidientibus justo judicio respuitur" (38 s).

lehrten sie, seien nur verschiedene Namen derselben Seele, sofern diese letztere unter verschiedenen Gesichtspunkten betrachtet werde. Aehnlich verfuhr man bei manchen andern Fragen.

Usingen selbst war ein sehr eifriger Verfechter der modernen Richtung; er beruft sich daher auch öfters auf Occam, den „ehrwürdigen Anfänger des neuen Weges", auf Gregor von Rimini, Marsilius, Buridan, Peter von Ailly und andere hervorragende Nominalisten. Niemals jedoch kommt ihm der Gedanke, dass das philosophische System dieser Männer für die Kirche gefahrvoll wäre. Man konnte demnach ein entschiedener Vertreter der neuen Richtung sein und dennoch streng katholisch gesinnt bleiben.

Grössere Gefahren bot für die Kirche eine andere Art von „Modernen": die jüngern Humanisten. Die Erfurter Hochschule hatte sich schon frühzeitig durch eifrige Pflege klassischer Studien ausgezeichnet, und da die ersten Humanisten bescheiden und massvoll auftraten, wurde ihnen von den Vertretern der Scholastik nicht das geringste Hinderniss in den Weg gelegt. Usingen zeigte allerdings keine grosse Begeisterung für die neu erwachten Studien des klassischen Alterthums. Wohl rühmt er in seiner „zum Lobe Gottes und zum Frommen der Gelehrtenrepublik" verfassten Erklärung des Donatus die Vorzüge der klassischen Literatur; er ist mit der Behauptung einverstanden, dass alle Sprachen ausser der lateinischen und griechischen barbarisch seien[1]; auch führt er öfters in seinen Schriften griechische und lateinische Autoren an, die er fleissig gelesen hat[2]. Aber bei dieser äusserlichen Anerkennung der Alten bleibt er stehen; sein Latein, das hier und da ganz barbarisch klingt, ist von den klassischen Mustern nicht beeinflusst worden.

---

[1] „Ex quo patet triplicem esse sermonem, scilicet latinum, graecum et barbarum, quorum primi duo regulares sunt et artificiales, tertius vero rudis est et incultus, quia nullis incedit regulis sonatque aliorum respectu sicut plumbum comparatum ad aurum et argentum, secundum Diomedem grammaticum" (Nr. 8, A 2 b. Leipziger Ausgabe 1518).

[2] Die griechischen, allem Anscheine nach, nur in Uebersetzungen.

14 Zweites Kapitel.

Doch war der strenge Scholastiker gegen die humanistischen Studien nichts weniger als feindlich gesinnt; sonst hätte ihm sicher Eoban Hessus nicht das schöne Lob ertheilt, das oben erwähnt worden ist. Noch im Jahre 1510 stand der „Poetenkönig" mit dem „sehr ausgezeichneten und sehr gelehrten Usingen" in bestem Verkehr¹, und der Nürnberger Rechtsgelehrte Christoph Scheurl, ebenfalls ein Anhänger der Humanistenpartei, bewarb sich 1517 um die Freundschaft des Erfurter Philosophen, da dieser nicht bloss wegen seines ehrenwerthen Charakters, sondern auch wegen seiner Liebe zu den schönen Wissenschaften allgemein gelobt würde².

Usingen verhehlte sich indes keineswegs die grossen Gefahren, die der katholischen Kirche von seiten des jüngern Humanismus drohten. „Einer unserer Theologen," klagte er 1524, „ein gelehrter und rechtschaffener Mann, hat oft wiederholt, dass das Verdrängen der wahren Philosophie durch die ‚Poeterei‘ der untrügliche Vorbote einer neuen Irrlehre sei. Jedermann kann nun sehen, ob diese Voraussagung in Erfüllung gegangen."³ Eine schöne Ausdrucksweise, erklärt

---

¹ Den 18. Februar 1510 schrieb Eoban Hessus aus Riesenburg in Preussen an seinen Freund Ludwig Plats in Erfurt: „Saluta praestantissimum et doctissimum Bartholomaeum Usingen meo nomine terque quaterque" (Eobani Epistolae 12).

² Scheurl an Usingen (31. März 1517): „Tuas amicitiae insinuari cupio, quem vicarius noster (Staupitz) et plerique alii praedicant virum bonum cum bonitate etiam conjunxisse ingenuas litteras" (Scheurls Briefbuch II, 9). Bemerkenswerth ist das Lob, das Usingen noch 1528 dem Erasmus spendet: „Erasmus studiorum nostri seculi unicum decus" (Nr. 11, E 5b). Riggenbach (Real-Encyklopädie I, 703) spricht mit Unrecht in Bezug auf Usingen von „Kämpfen gegen den Humanismus".

³ „Retulit olim et crebro repetivit quidam vir doctus et bonus ex nostris theologis, certissimum futurae haereseos esse indicium, quando per gymnasia scholastica verae Philosophiae coeperit praevalere, ut ipse nominavit, poetria et graecaria; quod nunc contigerit, videant jam omnes qui oculos videndi habent" (Nr. 12, U 2 b). Der hier angeführte Theologe ist wahrscheinlich der Erfurter Augustiner und Professor der Theologie Johann Nathin, von dem der Anführer der Erfurter jüngern

Usingen bei derselben Gelegenheit, sei wohl etwas Lobenswerthes; doch sei die Erkenntniss der Wahrheit und ein tugendhafter Lebenswandel der zierlichen Form bei weitem vorzuziehen [1].

Die ernste Lebensauffassung, die in diesen Worten sich kundgibt, war es auch, die den gefeierten Lehrer bewog, in vorgerücktem Alter der Welt zu entsagen, um unter klösterlichem Gehorsam besser Gott dienen zu können.

Zweites Kapitel.
Usingen als Ordensmann und Theologe.

Bisher wurde allgemein angenommen, dass Usingen schon als Jüngling in den Augustinerorden eingetreten sei. So erklärt sich auch, wie man glauben konnte, dass der Erfurter Lehrer seinem Schüler Martin Luther „gerade diesen Orden lieb und werth gemacht hatte" [2]. Nach einigen Schriftstellern wäre Usingen sogar Luthers Novizenmeister gewesen [3]. Allein der spätere „Reformator" befand sich bereits in Wittenberg, als Usingen zu Erfurt das Ordenskleid empfing.

Im Jahre 1501 hatte Luther die Erfurter Hochschule bezogen; 1505 erhielt er daselbst die Magisterwürde, nachdem er vornehmlich unter Trutfetter und Usingen mit „sonderm

---

Humanisten, Konrad Mutian, sagte: „Nathin barbarus est et morosus" (Mutian an Urban, Juli 1515. C. Krause, Der Briefwechsel des Mutianus Rufus, Kassel 1885, S. 542). Von Usingen spricht Mutian mit grösserer Achtung: „Rogo ne has ineptias gravissimo patri Bartholomaeo ostendas" (Mutian an Lang, um 1515. Ebd. S. 620).

[1] „Quas (literas ouktiorie sermonis) si ego bonas dico; meliores tamen studii melioris, cum praestet rerum peritiam habere et mores bonos quam cultum sermonis utcumque elegantem, eo quod sermo propter res sit, non res propter sermonem" (Nr. 12, 8 2 b). Vgl. J 2 b: „Linguae bonae sunt, at studia, propter quae sunt linguae, meliora."

[2] Kolde, M. Luther I, 51.

[3] Plitt, Einleitung in die Augustana, Erlangen 1867, I, 40. Scharold, im Archiv des Histor. Vereins von Unterfranken, Bd. V (1839), Heft 5, S. 184. Reininger, in demselben Archiv (1865) S. 182.

Zweites Kapitel.

Fleiss" dem Studium der Philosophie sich gewidmet hatte[1]. Noch in demselben Jahre trat er zu Erfurt ins Augustinerkloster. Drei Jahre später wurde er nach Wittenberg geschickt, um an der neu errichteten Universität seine theologischen Studien fortzusetzen; 1509 wurde er jedoch wieder nach Erfurt zurückberufen wegen des Zwistes, der damals zwischen Staupitz, dem Generalvicar der deutschen Augustinercongregation, und sieben Klöstern, zu denen auch Erfurt gehörte, ausgebrochen war[2].

Bei Beginn dieser Spaltung kam ins Erfurter Augustinerkloster, das zu den wichtigsten in ganz Deutschland zählte[3], ein anderer Schüler Usingens, Johann Lang[4]. Letzterer schlug sich aber bald auf die Seite des Staupitz und wurde deshalb aus Erfurt ausgewiesen[5]. Er begab sich nach Wittenberg, wo er Ende August 1511 immatriculirt wurde[6], wäh-

---

[1] Im Refectorium des Würzburger Augustinerklosters hatte Usingens Freund, der Würzburger Weihbischof Augustinus Marius, eine Inschrift anbringen lassen, deren erster Vers lautete: „Olim me Luther fit praeceptore Magister" (Milensius p. 9).

[2] Vgl. meinen Aufsatz: Zu Luthers Romreise (im Histor. Jahrbuch der Görres-Gesellschaft. [1891] S. 68 ff.).

[3] Im Jahre 1508 zählte der Convent 52 Mitglieder. Herrera, Alphabetum augustinianum, Madrid 1644, I, 475.

[4] In einer Schrift aus dem Jahre 1525 (Nr. 16, H b) berichtet Usingen, Lang sei schon 15 Jahre im Kloster. Er war also um 1510 eingetreten; bereits 1500 war er an der Universität immatriculirt worden. Er stammte aus einer armen Bürgerfamilie von Erfurt. „Nihil habuit praeter seipsum", sagt Usingen (Nr. 13, F 4 b).

[5] Usingen sagte später zu Lang: „Te ab exilio revocavi post primariam nostrae unionis factionem, cui tu adhaesisti contra nativum conventum tuum, an autem probe vel improbe nolo hoc definire" (Nr. 13, C 8 a). Diese „factio primaria", den Zwist in den Jahren 1509—1512, stellt Usingen der „factio secundaria" gegenüber, der Reformation nämlich, „qua pene desolata est nostra unio" (C 8 b).

[6] Kolde, Analecta S. 4. Langs Answeisung, von der man bisher nichts wusste, beweist, dass Luther nicht von Staupitz nach Erfurt geschickt, wie Kolde annimmt, sondern von den Erfurter Vätern zurückberufen wurde, wie ich in dem oben erwähnten Aufsatz richtig voraus-

rend Luther einige Wochen später im Auftrage der sieben gegen Staupitz verbündeten Klöster nach Rom reiste¹. Glücklicherweise wurde der unerquickliche Streit friedlich beigelegt, und so treffen wir im Frühjahr 1512 Luther wieder in Wittenberg bei seinem väterlichen Freunde Johann von Staupitz.

Um diese Zeit war es, wo Usingen, der bereits 50 Jahre zählte², ins Erfurter Augustinerkloster eintrat³. Luther zeigte sich darüber hoch erfreut; er konnte seinem Lehrer nicht lebhaft genug schildern, wie vortrefflich das Ordensleben sei, was Usingen später nicht unterliess, dem leidenschaftlichen Klosterstürmer vorzuhalten⁴.

Usingen selbst belehrt uns über die Beweggründe, die ihn veranlassten, sich noch in hohem Alter dem Joche des klösterlichen Gehorsams zu unterwerfen. „Ich bin in den Orden eingetreten," erklärt er, „um darin ruhiger Gott dienen zu können."⁵ Habe doch das Ordensleben zum Zwecke, uns eine ruhigere und ungehindertere Haltung der göttlichen Ge-

---

gesetzt habe. Einen Parteigänger des Staupitz hätten die Erfurter Augustiner in ihrem Kloster damals nicht geduldet.

¹ Cochläus, der sich in dieser Angelegenheit gut unterrichtet zeigt, sagt ausdrücklich, dass Luther im Auftrage der sieben Klöster nach Rom reiste, und zwar „gegen seinen Vicarium" (Staupitz). Aus Rom zurückgekehrt, begab sich Luther sofort nach Wittenberg, was einige Brüder als eine „defectio ad Staupitium" ansahen, besonders da der Zwist erst einige Wochen später, wie es scheint, auf dem Kapitel zu Köln (Pfingsten 1512) völlig beseitigt wurde. Vgl. Hist. Jahrb. a. a. O. S. 72. 315 f.

² „Ego quinquagenarius . . . monasterium intravi" (Nr. 14, S 2 b).

³ Usingen bezeugt selber, dass er geraume Zeit nach Lang in den Orden eingetreten: „Ego in senecta vitam ingressus sum monasticam, verum corrector tuus (Lang), qui multo longius in ea fuerat..." (Nr. 12, C 2 b). Da Usingen im Jahre 1514 als Augustiner zum Doctor der Theologie promovirte, was er während des Probjahres nicht hätte thun können, so wird wohl die Einkleidung 1512 stattgefunden haben.

⁴ „Quando Augustinianae religionis candidatus eram ego, in non satis illam mihi poteras commendare, at nunc derisor ejus factus et destructor" (Nr. 21, H 4 b).

⁵ „Religionem nostram intravi, ut in illa quietius Deo servirem" (Nr. 13, C 3 b).

bote zu ermöglichen¹. Er war demnach bei seinem Eintritt in den Orden nur von dem Streben nach grösserer Vollkommenheit geleitet.

Als später ein entlaufener Franziskaner, Aegidius Mechler, ein ganz junger Mensch, es wagte, dem greisen Augustiner höhnend die „guten Tage" vorzuwerfen, die er im Kloster geniesse, da konnte Usingen mit berechtigtem Stolze antworten: „Als reicher Mann bin ich in das Kloster eingetreten, nicht um eine Versorgung zu suchen, wohl aber reichliche Mittel mitbringend, nicht bloss für mich, sondern auch für meine Brüder. Wenn du es nicht glauben willst, so frage deinen Lang, der auf meine Kosten nach Erfurt zurückkehren konnte, auf meine Kosten daselbst zum Doctor der Theologie promovirt wurde. Gute Tage habe ich in der Welt gehabt, als ich hingehen konnte, wohin ich wollte; jetzt aber gürtet mich ein anderer. Ich muss essen, was man mir aufstellt, und mich kleiden mit dem, was ich bekomme. Früher war ich mein eigener Herr; jetzt muss ich einem andern gehorchen. Dies sind die guten Tage, die ich hier habe. Fürwahr! es sind gute Tage; denn es ist gut für mich, dass ich lebe ohne Eigenthum, im Hinblicke auf Christus, meinen Erlöser, der für mich am Kreuze gestorben ist."²

Man sieht, es waren keine irdischen Vortheile, die unsern Philosophen ins Kloster gelockt hatten; nur übernatürliche Beweggründe bestimmten ihn, „seinem eigenen Willen und allen zeitlichen Gütern zu entsagen"³. Nicht als ob er hoffte,

---

¹ „Monasticae vitae observantis eo tendit, ut quietius et expeditius Deo serviatur in mandatis ejus" (Nr. 18, H 4 b). Cf. Nr. 14, N 4 a: „Quibus (votis) juvatur homo ad quietius impeditiusque ambulare in lege Dei et servare mandata ejus."

² „Ego quinquagenarius dives opam monasterium intravi, non provisionem quaerens, sed illam comportans, non solum pro me, sed etiam pro fratribus meis; quod credere noles quaere Langum tuum, qui sudoribus meis reductus est Erphurdiam et promotus ad honores ibidem. Bonos dies habui in seculo" etc. (N. 14, S 2 b).

³ Dem Prädicanten Culsamer gegenüber erklärte einmal Usingen: „Dico tibi me non solum abjecisse omnia quae habueram, sed etiam

durch Ablegung der Gelübde gerecht und selig zu werden, wie bald nachher die Neuerer den treugebliebenen Mönchen so oft vorwarfen[1]. Solchen Angriffen gegenüber erklärte Usingen: „Nur durch die Gnade, die uns Christus verdient hat, suchen wir selig zu werden. Die Gelübde machen uns nicht selig, denn dies gehört allein der Gnade zu; doch helfen sie uns zur Seligkeit, indem sie dazu beitragen, das Leben der Gnade in uns zu erhalten und zu vervollkommnen."[2] In demselben Sinne sagte später auch Staupitz: „Will ich Christo nachfolgen, mich hindert die Kappe (Ordenskleid) daran nicht. Sie fördert mich dazu auch nicht anders, als dass ich weniger Versuchungen zu Sünden habe und mich mehr in der Liebe Gottes mag üben als sonst."[3]

Staupitz, auf dessen Befehl Luther im Spätjahr 1512 zu Wittenberg promovirte, wird wohl auch dem Erfurter Augustiner angerathen haben, sich die theologischen Grade zu erwerben. Wenigstens steht fest, dass Usingen bald nach seinem Eintritt in den Orden, im Jahre 1514, Doctor der Theologie

memetipsum... Omnia abjeci, ne quidquam tanquam proprium haberem, sed in communi omnia cum fratribus meis" (Nr. 12, F 4).

[1] Von den katholischen Mönchen erklärte Luther: „Non hoc nomine salvi et justi fieri praesumunt, quod baptizati, quod christiani sunt, sed hoc solo, quod sui ordinis nomen habent" (Opera latina VI, 502).

[2] „Nec quaerimus nos alia forma salvari quam per mortem Christi qua ille nobis gratiam meruit... Quod autem de votis, ordinibus, vestibus, cibis et hujusmodi laliis, quis non ridebit, cum his nemo salvari vellt nec praetendit, dicente Apostolo: Gratia Dei vita aeterna. Ad quam conservandam et in ea perficiendum illa conducunt et juvant, sed non salvant, quum hoc sollus est gratiae" (Nr. 14, G 8 b). Zu dieser Erklärung vgl. Kolde, Luther I, 56: „Wie viele, die um ihrer Seligkeit willen ins Kloster gegangen, gaben sich nunmehr zufrieden! Das Mönchsgewand verbürgte ihnen den Stand der Heiligkeit. Anders bei Luther." Aber gerade Luther wollte, im Gegensatze zur katholischen Lehre, aus „eigener Gerechtigkeit" selig werden. „Ich war", sagte er, „der anmasslichste Selbstgerechte", ein „gar vermessener Werkheiliger", der „nicht auf Gottes, sondern auf die eigene Gerechtigkeit traute". Vgl. Janssen II, 79.

[3] Vgl. meinen Aufsatz über Staupitz im Hist. Jahrbuch (1891) S. 845.

wurde¹. Als Vorbereitung hierauf hatte er der damaligen Sitte gemäss eine Zeitlang theologische Vorlesungen gehalten. Noch zehn Jahre später konnte er auf die zahlreichen Zuhörer hinweisen, die zu diesen Vorlesungen herbeigeströmt waren².

Usingen hatte eben von der Aufgabe der Theologie eine ganz andere Vorstellung als manche seiner Zeitgenossen. An den damaligen Schultheologen, die, statt in den reinen Glaubensquellen zu forschen, sich mit allerlei philosophischen Fragen beschäftigten, hatte er manches auszusetzen. „Die meisten Theologen", klagt er einmal, „haben bisher ihre Bücher und Vorlesungen mit Fragen angefüllt, die sie gar nicht zu untersuchen haben, sondern die sie von den Philosophen entlehnen sollten. Dem theologischen Wein haben sie so viel philosophisches Wasser beigemischt, dass er seinen wahren, ursprünglichen Geschmack fast gänzlich verloren hat." Auf diese Weise habe man sich allzusehr von den Quellen entfernt und schöpfe nun aus einem Wasserbehälter. „Als ich dies in den theologischen Disputationen offen aussprach, erregte ich bei einigen nicht geringen Unwillen. Doch kümmerte ich mich wenig darum. Voll Vertrauen auf die Rich-

---

[1] B. Lönrisen, Series Rectorum Universitatis Erfurt., Erfurt 1614, II 4 a. Nach einer alten handschriftl. Chronik von A. Petermann (Würzb. Augustinerarchiv) fand die Promotion „anno 1514 auf S. Gallentag" statt.

[2] Im Jahre 1524 schrieb Usingen: „Quod de desidia et ruditate Theologorum latras, nihil ad me, cui praelegendi provincia non incumbit. An autem praelegere non possim, respondeat tibi auditorum meorum frequentia, quae me audierunt legentem, dum cumum studii mei theologici complerem. Et si hodie praelegendi occasio daretur, tentarem ingenium, et vox forsitan sequeretur" (Nr. 12, S 3 b). Floss (Kirchenlexikon I, 1429) behauptet demnach irrthümlich: „Nach seinem Eintritt in den Augustinerorden lehrte er 30 Jahre lang die Theologie." Aus der angeführten Stelle geht zudem hervor, dass Usingen auch im Kloster nicht Professor der Theologie war (gegen Kolde, Augustinercongregation S. 188). Er wird allerdings hie und da „Professor theologiae" genannt; allein diese Bezeichnung bedeutet oft nichts anderes als „Doctor theologiae". So wird z. B. Johann Spangenberg (Kolde a. a. O. S. 461) als „sacrae theologiae professor" bezeichnet, obgleich er nicht Professor, sondern nur Doctor der Theologie war.

tigkeit meiner Anschauungen fügte ich noch hinzu: Wir Theologen können wohl in unsern Vorlesungen die Ergebnisse der Philosophie benutzen; nur sollen wir keine neuen Nachforschungen darüber anstellen, sonst vernachlässigen wir das Nothwendige und Heilsame und verlieren unsere Zeit mit endlosen Erörterungen, zum grossen Nachtheil unserer eigenen Erbauung wie auch derjenigen unserer Schüler."¹

Luther war demnach vollauf berechtigt, über die Vermengung der aristotelischen Philosophie mit den Offenbarungswahrheiten Klage zu führen². Wer möchte es aber billigen, dass der Wittenberger Eiferer, statt nur den Missbrauch zu

---

¹ „Maxima pars theologorum hactenus libros suos et disputationes his rebus repleverat quae potius artistae, ut vocant, quam theologi inquirere habebant, quas utique theologi ab artistis mutuo capere debuerant, quam quod ipsi eas investigarent et traderent. Nempe quod disputare de esse et essentia, de actu et potentia, de motu et tempore, de potentiis animae, de relationibus et instantibus, de universalibus denique et praedicamentis et id genus aliis, non theologorum sed artistarum sit, quibus tamen theologorum libros videmus refertos. Qui tantum aquae theologico vino immiscuerunt, quod verum et nativum saporem ferme perdiderit. Hinc recessum est nimis a fontibus et per rivos descensum in lacunas. Quod cum olim in disputationibus theologicis liberius dicerem, nonnullis stomachum movebam" etc. (Nr. 10, E 6). Dergleichen Auseinandersetzungen werden wohl die falsche Nachricht veranlasst haben, als hätte Usingen sich von den Scholastikern losgesagt. Den 22. December 1518 schrieb Scheurl an Eck: „Quo tandem agnito errore, id est repudiatis scholasticis renunciator Usingensis apud Erphordienses penetrasse et ecclesiasticos coepisse gustare" (Scheurls Briefbuch II, 77; vgl. 65. 82). Usingen hat die Scholastiker nie verläugnet, wie seine polemischen Schriften genugsam beweisen.

² Luther an Leo X. (30. Mai 1518): „Aristotelis somnia in medias res theologiae miscent" (De Wette I, 121). Vgl. Opera exeg. latin. Erlangen. XI, 234: „Miscuerunt theologiae philosophiam aristotelicam." Ibid. XXII, 841: „Pro Christo et Paulo Averroim et Aristotelem in scholis discebamus." Der Tübinger Professor Konrad Summenhart klagte im Jahre 1492 ebenfalls, „dass in nicht wenigen Theologenschulen viel lauter Aristoteles und sein Commentator Averroes das Wort führen, als Christus und der Apostel." Vgl. F. X. Linsenmann, Konrad Summenhart, Tübingen 1877, S. 16.

rügen, die aristotelische Philosophie in Bausch und Bogen verdammte? Wer möchte es billigen, dass er Aristoteles selbst einen „todten Heiden" schalt, bei dem „keine Kunst, sondern eitel Finsterniss" zu finden sei [1]; einen „sehr gottlosen Menschen, der nichts als Irrthümer lehre" ? [2] In einem Briefe an Lang nannte er den grossen Philosophen sogar „den unverschämtesten Verleumder, Komödiant, Protheus, den schlauesten Betrüger des Geistes, so dass, wenn Aristoteles nicht Fleisch und Blut gewesen wäre, man sich nicht schämen dürfte, ihn für den Teufel zu halten" [3]. Dies thut übrigens Luther; denn er nennt den heidnischen Weltweisen geradezu den „Engel des Abgrundes"; zudem schilt er ihn einen „lasterhaften Schwindler", einen „müssigen Esel", eine „heidnische Bestie" [4].

Um solche Ausfälle zu erklären, darf man nicht sagen, dass Luther nicht den wirklichen Aristoteles bekämpft habe, sondern nur den scholastischen Aristoteles, das, was die Scholastiker aus dem griechischen Philosophen gemacht haben sollen [5]. Erklärt er doch selber: „Es darf mir niemand auf-

---

[1] Sämmtliche Werke VII, 63.   [2] Opera lat. var. arg. IV, 195.
[3] De Wette I, 10.   [4] Vgl. Nitzsch S. 3 ff.
[5] Vgl. Nitzsch S. 22: „In die Reihe der Humanisten, die auf die Unterscheidung des landläufigen und des wirklichen Aristoteles drangen, gehört in der That auch Luther." Nitzsch gesteht indes, dass man mit dieser Erklärung allein nicht „durchkomme" (S. 24). Er beruft sich deshalb auf den Umstand, dass „den einflussreichsten Scholastikern Aristoteles als dogmatische Autorität galt" (S. 6). „Dass sich aus dieser Sachlage das Auftreten Luthers, wenn auch nicht vollständig, doch zu einem grossen Theil erklären, ja auch rechtfertigen lässt, ist unverkennbar" (S. 25). Nur stützt sich hier der protestantische Theologe auf eine falsche Voraussetzung: Es ist nicht wahr, dass „Aristoteles den einflussreichsten Scholastikern als dogmatische Autorität galt". Die Beweise hierfür bei Schneid S. 60 ff.: „Die Scholastiker sprechen oft aus, dass Aristoteles vielfach geirrt habe und man seine Lehre prüfen müsse." Ganz unrichtig Köstlin I, 42: „Aristoteles erhielt die Ehre, nun auch als Meister der Glaubenswissenschaft zu gelten... Es war nahe daran, dass ihm ... selbst auch Unfehlbarkeit beigelegt wurde." Wimpina, einer der Hauptgegner Luthers, hat über die Irrthümer des Aristoteles einen eigenen Tractat verfasst. Vgl. Farrago miscellaneorum C. Wimpinae, Coloniae 1531, p. 119 sqq.

legen, ich rede zu viel oder verwirf, was ich nicht wisse. Lieber Freund, ich weiss wohl, was ich rede. Aristoteles ist mir so wohl bekannt als dir und deinesgleichen; ich habe ihn auch gelesen und gehöret mit mehr Verstand als St. Thomas oder Scotus, dess ich mich ohne Hoffart rühmen kann."[1]

Von diesem Aristoteles, den er besser verstanden haben wollte als die vornehmsten Scholastiker, behauptete Luther: „Willst du wissen, was Aristoteles lehrt, das will ich dir kürzlich sagen: Ein Töpfer kann aus Thon einen Topf machen; das kann der Schmied nicht, er lerne es denn. Wenn etwas Höheres in Aristoteles ist, so sollst du mir kein Wort glauben, und erbiete mich, das zu beweisen, wo ich soll." Und das sei noch das Allerbeste bei Aristoteles; „ich geschweige, wo er giftig und tödtlich ist"[2].

So beurtheilt Luther einen Philosophen, der von hervorragenden Gelehrten mit vollem Rechte als einer der grössten Denker aller Zeiten bezeichnet wird.

Wie viel besonnener zeigt sich doch hier unser Usingen! Er trägt nicht das geringste Bedenken, den Missbrauch, den manche Theologen mit der aristotelischen Philosophie trieben, aufs schärfste zu rügen. Dabei hütet er sich aber wohl, mit dem Missbrauche die gute Sache selber zu verwerfen. Einem Erfurter Prädicanten gegenüber, der ebenfalls von Aristoteles nichts mehr wissen wollte, erklärte später der katholische Ordensmann: „Wo Aristoteles im Lichte der Vernunft die Wahrheit erkannt hat, da folgen wir ihm, weil wir wissen, dass alle Wahrheit von Gott stammt; wo er aber geirrt hat, wie es in einigen Punkten thatsächlich der Fall ist, da glauben wir ihm nicht. Da du indes behauptest, wir sollten viel eher Christo glauben, so kann ich über solche Albernheit nicht genug staunen. Denn Christus lehrt ja hauptsächlich übernatürliche Wahrheiten, die ausser dem Bereich der Vernunft liegen. Bezüglich dieser Wahrheiten schenken wir dem Heilande vollsten Glauben, aber keinen grössern Glauben als

---

[1] Sämmtliche Werke XXI, 545. [2] Sämmtliche Werke VII, 55.

dem Aristoteles, da letzterer von diesen Wahrheiten gar nichts sagt und dieselben gar nicht gekannt hat." [1]

Den Verächtern der heidnischen Philosophen hält dann Usingen das Beispiel der heiligen Väter vor, die aus dem Studium der alten Weltweisen grosse Vortheile geschöpft haben [2]. Und in der That sei dies Studium, sofern es in den richtigen Schranken bleibe, von hohem Nutzen. Aus den schweren Irrthümern, in welche die heidnischen Philosophen gefallen, können wir ersehen, wie nothwendig eine übernatürliche Offenbarung gewesen; andererseits würden die Weisheitsschätze, die bei den Alten zu finden seien, nicht wenig dazu beitragen, unsern Geist zu vervollkommnen. Das Studium der Philosophie sei daher eine treffliche Vorschule zur Theologie, da man dadurch in den Stand gesetzt werde, die Glaubenswahrheiten besser zu verstehen und wirksamer zu vertheidigen. Daraus gehe hervor, wie nothwendig es sei, dass in den Schulen Philosophie gelehrt werde. Solches Studium vernachlässigen, heisse der Irrlehre und dem Aberglauben Thür und Thor öffnen [3].

„Hättest du die Philosophie nicht verachtet," hält einmal der Erfurter Lehrer seinem frühern Schüler Luther vor, „so würest du sicher nicht in so viele Irrthümer gefallen." [4]

Luther dachte allerdings ganz anders. Er bezeichnete es als einen Irrthum, anzunehmen, dass man, um ein Theologe zu werden, des Aristoteles oder der Philosophie bedürfe; ein solcher könne man vielmehr nur werden, wenn man den Aristoteles gänzlich beiseite lasse [5]. Er wünschte daher bereits im Jahre 1516, dass die Erfurter Lehrer Usingen und Trut-

---

[1] Nr. 12, K 2 b.   [2] Nr. 12, J ff.

[3] „Quo etiam patet quam utile sit talium studiorum habere gymnasia, quibus sublatis statim rudesceret fides christiana succrescerentque mox errores et falsae superstitiones" (Nr. 12, J 2 b).

[4] „Certe si tu philosophiam quae theologiae famulatur, non sprevisses, sed in suo honore reliquisses, non in tot errorum syrtes impegisses" (Nr. 23, f. 82 b).

[5] „Theologus non fit, nisi id fiat sine Aristotelis" (Opera lat. var. arg. I, 318).

felter sich nicht mehr mit solchen unnützen Arbeiten abgeben möchten [1].

Dieser Wunsch blieb indes unerfüllt. Noch in den Jahren 1516 und 1517 veröffentlichte Usingen zwei Schriften über aristotelische Philosophie. Trotz der Bemühungen der jüngern Humanisten, die ebenfalls mit der „Sophistik" gründlich aufräumen wollten, hatte zu jener Zeit die Scholastik an der Erfurter Hochschule noch die Oberherrschaft. Erst im Sommer 1519 wurden wichtige Veränderungen getroffen. „Unsere Universität", schrieb am 24. Juni 1519 der neuerwählte Rector Justus Jonas, „ist in hundert Jahren oder dieweil sie gestanden, also nicht reformiert gewesen." [2] Statt der Scholastik sollte nun die lateinische, griechische und hebräische Sprache gelehrt werden sammt der „wahren" Philosophie und der „reinen" Theologie. Justus Jonas selbst wandte sich einige Wochen später an Usingen, eines der hervorragendsten Mitglieder der philosophischen Facultät, um ihn zu bitten, diese Erneuerung der Universität fördern zu wollen [3]. Dass der strenge Scholastiker zur Beseitigung seiner Lieblingswissenschaft mitgeholfen habe, ist mehr als zweifelhaft. Doch scheint er bald nachher seine Lehrthätigkeit eingestellt zu haben. Aus seinen ersten polemischen Schriften geht wenigstens hervor, dass er nach 1521 keine philosophischen Vorlesungen mehr hielt [4].

---

[1] Luther an Lang, 8. Februar 1516 (De Wette I, 16).

[2] Kawerau S. 25. In demselben Briefe schreibt Jonas: „Nosti aliquando gymnasium illud vetus Erphordianse, in quo sophistae usque adeo occupant omnia, ut tota literaria respublica ad pauculas quasdam et frigidas dialecticas contracta videretur, ubi praeter Summularios, praeter exercitia et copulata paene nihil legebatur bonorum authorum." Jetzt aber „novata sunt omnia .. Raptim et semel sublata est haec lerna, et delectis octoviris jam id unum agitur, ut trium linguarum, verae philosophiae et germanae theologiae studium hic conductis professoribus instituatur."

[3] Jonas an Lang, 19. Juli 1519: „Obtestor te per amicitiam nostram advigila apud decanum artium, apud Nestorem christianum Usingurum, ut novatio gymnasii procedat. Scribam in brevi ad Usingum et decanum" (Kawerau S. 28).

[4] Nr. 10, E 6 b; Nr. 11, F 8 a. Im Jahre 1521 erscheint Usingen

Ungeachtet aller Verschiedenheit der Ansichten über die aristotelische Philosophie hatten die guten Beziehungen zwischen Usingen und Luther noch längere Zeit fortgedauert. Noch kurz vor Ausbruch der religiösen Wirren hegte der Wittenberger Augustiner für den viel ältern Ordensgenossen die grösste Hochachtung. Am 15. April 1516 schrieb er an Georg Leifer, einen Erfurter Augustiner, der unter schweren Seelennöthen zu leiden hatte: „Danke Gott, dass er dir in dem ehrwürdigen Pater Bartholomäus einen Tröster gegeben, wie du unter Menschen einen bessern nicht finden könntest. Befleisse dich nur, deinen eigenen Ansichten zu entsagen, um seinen Ermahnungen willig Folge zu leisten." [1] Ein anderes Mal nannte er den verehrten Lehrer

---

als Decan der theologischen Facultät (Weissenborn II, 321), obschon er um diese Zeit nicht als Lehrer der Theologie thätig war.

[1] De Wette I, 19: „Benedictus Deus ... qui providit tibi optimum, quantum in hominibus potest haberi, paraclitum et consolatorem, R. P. Magistrum Bartholomaeum. Tantum curae tuae fuerit, sensu et sentimento proprio abjecto, illius verbis locum dare in corde tuo." Hiermit stimmt sehr wenig, was Luther später erzählt haben soll: „Doctor Usingen, ein Augustinermönch, der etwa mein (nach andern Redactionen: ein) Präceptor war im Augustinerkloster zu Erfurt, sprach einmal zu mir, da er sahe, dass ich die Bibel so lieb hatte und gerne in der Heiligen Schrift las: Ei, Bruder Martine, was ist die Bibel? Man soll die alten Lehrer lesen, die haben den Saft der Wahrheit aus der Bibel gezogen; die Bibel richtet allen Aufruhr an" (Luthers Tischreden, herausgegeben von Förstemann, Leipzig 1844, I, 29). Diese Anekdote, die von Köstlin (I, 52. 66), Kolde (Luther I, 57) und Riggenbach (Real-Encyklopädie I [1881], 703) gläubig angenommen wird, ist sicher ebenso unbegründet, als Luthers Behauptung, er allein habe im Erfurter Kloster die Bibel gelesen. Auch Kolde (a. a. O. I, 306) gibt zu, dass letztere Behauptung sicherlich übertrieben sei. Hatten doch die Constitutionen des Augustinerordens vorgeschrieben, „dass der Noviz die Heilige Schrift begierig lesen, andächtig anhören und eifrig lernen solle". Vielleicht hat Usingen seinen Schüler einmal ermahnt, nicht seine eigenen Einbildungen in die Schrift hineinzutragen, sondern den Erklärungen der Väter zu folgen. In diesem Sinne sagte er auch später einem Prädicanten: „Verbum Dei et Evangelium in sensu quem Ecclesia habet sine periculo est, extra quem, ut tu interpretaris, gladius est in manu furiosi" (Nr. 12, G 4 b).

einen „Kreuz- und Christusträger"[1]; auch liess er ihm öfters, und zwar noch im Jahre 1520, von Wittenberg aus durch Lang Grüsse übermitteln[2]. Eines nicht mindern Ansehens erfreute sich Usingen beim Generalvicar Johann von Staupitz[3]; und dass er auch das Vertrauen der andern Ordensgenossen besass, beweist der Umstand, dass er eine Zeitlang in Erfurt das Amt eines Priors zu versehen hatte[4]. Selbst dem Justus Jonas, einem eifrigen Anhänger Luthers und der Humanistenpartei, galt Usingen noch im Jahre 1519 als „christlicher Nestor"[5].

Leider sollte der greise Lehrer aus dem Munde seiner frühern Schüler nur zu bald ganz andere Bezeichnungen zu hören bekommen.

Drittes Kapitel.
Die Anfänge der Reformation in Erfurt.

Da Usingen in weiten Kreisen das grösste Ansehen genoss, so kann man sich leicht denken, dass Luther den gefeierten Lehrer gerne auf seine Seite gebracht hätte. Bei der Rückkehr vom Heidelberger Ordenskapitel, im Frühjahr 1518, gab er sich denn auch alle Mühe, Usingen für seine Sache günstig zu stimmen; doch wollte es ihm keineswegs

---

[1] Luther an Lang, 5. October 1518: „Christophorum et Staurophorum, ipsum, inquam, P. B. Usingensem doceto, ut nomini suo et operi satis sit et puntet Christum in corpore suo" (De Wette I, 68). Unter dem Kreuze, das Usingen damals zu tragen hatte, ist wahrscheinlich anhaltende Kränklichkeit zu verstehen; denn er selbst schrieb später: „Eram valetudinarius ad annos multos" (Nr. 13, C 3 b).

[2] De Wette I, 99. 230. 282. 397.

[3] Staupitz an Lang, 14. November 1518: „Salvum die R. M. Bartholomaeum in ordine illum, in aetate parentem, cui me sicut tibi credo" (Kolde, Augustinercongregation 440).

[4] Mosellanus an Lang, 30. Mai 1519: „R. P. D. Usingen priorem tuum..., reverenter saluta" (Kolde, Analecta S. 8). Ohne Zweifel war er auf dem Heidelberger Kapitel 1518 zum Prior ernannt worden.

[5] Vgl. oben S. 25 Note 2.

gelingen, die vielfachen Bedenken des alten Scholastikers zu beseitigen. Mit diesen eigensinnigen Alten sei nichts anzufangen, klagte deshalb Luther seinem Freunde Spalatin; dagegen hoffe er, das Evangelium werde sich nun an die Jugend wenden, wie ehemals Christus, von den Juden verstossen, sich zu den Heiden begeben habe [1].

„Voll Nachdenken und Verwunderung" hatte Usingen von dem kühnen Ordensbruder Abschied genommen; doch dachte er noch keineswegs daran, gegen die neuen Pläne offen aufzutreten. Wie so manche gutgesinnte Katholiken [2], wird er wohl auch der Ansicht gewesen sein, dass es sich vor allem um einen Kampf gegen die kirchlichen Missbräuche handle. Hatte ihm doch Luther erklärt, er habe den Streit begonnen, um die trägen Theologen aus ihrer Unthätigkeit aufzurütteln [3]. Allein die rasch aufeinander folgenden Ereignisse zeigten nur zu bald, dass nicht eine Reformation, sondern eine Revolution beabsichtigt sei.

In Erfurt selbst fand Luther unter den Humanisten zahlreiche und begeisterte Anhänger, vor allem Johann Lang, der Anfang 1516 — dank dem Eifer, mit welchem Usingen sich für ihn verwendet hatte — wieder nach Erfurt, und zwar als Prior, zurückgekehrt war. Doch zählte auch die streng katholische Partei an der Universität noch manche Anhänger.

Als Johann Eck im Sommer 1519 auch der Leipziger Disputation Erfurt besuchte, da wurde er von der Universität

---

[1] Luther an Spalatin, 18. Mai 1518: „Cum Doctore Usingen pluribus quam cum omnibus aliis egi, ut persuaderem; erat enim socius vecturae (von Heidelberg nach Erfurt); sed nescio an quid profecerim, cogitabundum et mirabundum reliqui. Tanta res est, in opinionibus male inveterasse" etc. (De Wette I, 111 f.).

[2] Vgl. Emser, Missae Christianorum contra Lutheranorum missandi formulam assertio (1524, A 4 b): „Primo quidem adparata hac ratione aures et oculos omnium in se converterat (Lutherus), quod reformaturus se pollicebatur abusiones quasdam Ecclesiae et ecclesiasticorum procerum."

[3] „Audieram olim a Luthero in Erphurdia, quando hanc tragoediam incepit contra Ecclesiam catholicam, se velle pigros excitare theologos, sed video eum excitasse rusticos contra dominos suos" (Nr. 19, L b).

aufs glänzendste empfangen; Vertreter der vier Facultäten beeilten sich, ihre Hochachtung für den wackern Streiter an den Tag zu legen [1]. Dass an diesem Empfange auch Usingen betheiligt gewesen, darf wohl nicht bezweifelt werden; stand er doch schon längst mit dem Ingolstädter Theologen in brieflichem Verkehr [2].

Ganz anders indes wurde Eck im folgenden Jahre empfangen, als er wieder nach Erfurt kam, um als päpstlicher Gesandter die Veröffentlichung der Bulle gegen Luther zu erwirken. Die Universität wollte die Bulle nicht anerkennen unter dem Vorwande, dieselbe sei ihr nicht auf ordentlichem Wege zugegangen. Zudem wurden in einem öffentlichen Anschlag, der angeblich von den Professoren der Theologie ausging, die Studenten aufgefordert, die Verkündigung der Bannbulle nicht zu dulden und Luther gegen seine Verleumder „mit Händen und Füssen" zu vertheidigen. Dieser Aufforderung kam die akademische Jugend getreulich nach. Eck wurde von den ergrimmten Studenten in seiner Wohnung belagert und war kaum seines Lebens sicher; überdies wurden die gedruckten Exemplare der Bulle dem Buchdrucker geraubt, in Stücke gerissen und ins Wasser geworfen [3].

Man hat behauptet, dass bei dieser Gelegenheit auch Usingen in seiner katholischen Ueberzeugung gewankt und an dem papstfeindlichen, revolutionären Aufruf Antheil genommen habe [4]. Eine ganz irrige Behauptung! Wäre der

---

[1] Urban an Draco, Ende Juli 1519: „Eccius Erfordiae jam degit. Mirum quam tota Academia certatim in eum munera conferat. Theologistae, Legulei, Sophistae, Medici, nemo non hoc seu numen coelitus demissum adorat" (Eobani Epist. p. 29). Kampschulte (II, 30) schwächt diese Stelle allzusehr ab; er schreibt nämlich, Eck sei bloss „von einigen ältern Lehrern wohlwollend aufgenommen worden".

[2] Scheurl an Usingen, 31. März 1517: „Quum Ecklus apud me diverteret, legit mihi litteras quas a te accepit et ad te dedit" (Scheurls Briefbuch II, 3).

[3] Luther an Greffendorf, 30. October 1520; an Spalatin, 4. November 1520 (De Wette I, 519 ff.).

[4] Kampschulte II, 40 Nota 1; 159. In dem Aufruf (Eine überaus seltene Reformationsurkunde: Intimatio Erphurdiana pro Martino Luther,

Augustiner anfangs für Luther gegen den Papst aufgetreten, so würden später seine zahlreichen Gegner in Erfurt nicht unterlassen haben, ihn des Abfalls von der guten Sache zu beschuldigen. Ein solcher Vorwurf wurde jedoch gegen den katholischen Ordensmann nie erhoben, wohl aber klagten öfters Luther und die Erfurter Prädicanten über den Eigensinn des hartnäckigen Alten, der, härter als Diamant, von den einmal gefassten Ansichten nicht abzubringen sei[1]. Usingen konnte denn auch in seinen Streitschriften wiederholt

---

ans Licht gebracht von D. J. B. Riederer, Altdorf 1761, S. 6) heisst es: „Nos vero almae Universitatis Magistri, Baccalaurii, theologicae veritatis professores, omnes et singuli tam conjunctim quam divisim, desuper maturo habito consilio unanimes ..." Daraus soll nach Kampschulte hervorgehen, dass „sämtliche theologischen Lehrer der Universität", die „ganze theologische Facultät", und folglich auch Usingen, der zwar nicht als Professor, doch als Doctor der Theologie dieser Facultät angehörte, gegen die päpstliche Bulle aufgetreten seien. Allein man kann sich mit Recht fragen, ob dies Schriftstück in der That aus Professorenkreisen herrühre; vielleicht ging es nur von einigen muthwilligen Studenten aus. Luther, der in zwei Briefen das Auftreten der Erfurter Studenten gegen Eck erwähnt, sagt nichts von einem Aufrufe der theologischen Facultät. Sollte indes der Aufruf von Professoren verfasst worden sein, so kann man unter den „theologicae veritatis professores" die lutherischen Humanisten verstehen, wie Justus Jonas, Eoban Hessus, Euricius Cordus, die 1519 begonnen hatten, theologische Vorlesungen zu halten. Dass Männer wie Usingen und Nathin einen solch leidenschaftlichen Aufruf gebilligt haben, ist ohne zwingenden Grund nicht anzunehmen. Uebrigens beklagt sich Eoban Hessus um dieselbe Zeit (28. October 1520) in einem Briefe an Lang über „wahnsinnige Alte", die gegen ihren Ordensbruder M. Luther feindlich auftreten: „Qui sunt illi nunc Martino reclamantes tam putidis argumentis delyri senes non potentes premere diutius virus, quod jamdudum decoxerunt, etiam in fratrem" (Eoban Epist. p. 218). Unter diesen „delyri senes" haben wir wahrscheinlich Nathin und Usingen zu verstehen.

[1] Luther an Lang, 26. Juni 1522: „Usingense caput scis inveterata pertinacia et opinione sui esse induratum, ut adamanta superet... Sic enim ab ineunte aetate consuevit nulli cedere senex. Unde nec spes est ut Christo cedat, jam neu et arte usitatus et insignitus ad duritiam" (De Wette II, 213). Kampschulte (II, 70) behauptet demnach mit Unrecht, dass Usingen „Trutzfelsen Festigkeit nicht besass".

erklären: „Stets bin ich der Kirche treu geblieben und werde derselben nie untreu werden."[1]

Dies bewies er zuerst, indem er von dem excommunicirten Luther sich gänzlich zurückzog. Als letzterer im April 1521 auf der Reise zum Wormser Reichstag im Erfurter Augustinerkloster abstieg, da wurde er, wie ein Augenzeuge erzählt, von Lang und andern Ordensgenossen „fröhlich" empfangen; aber der alte Usingen, der es mit dem Papste hielt, „war Luther gram und sah ihn sauer an"[2].

Der „Gram" wird sich ohne Zweifel nach Luthers Abreise noch gesteigert haben. Denn kaum hatte der Wittenberger nach einer aufregenden, von allerlei hitzigen Ausfällen gegen den Clerus erfüllten Predigt[3] die Stadt verlassen, so erfolgte alsobald ein „Pfaffensturm", zu dem die Ausschliessung des lutherisch gesinnten Humanisten Johannes Draconites aus dem Severistift den Anstoss gegeben. Hunderte von Proletariern und zuchtlosen Studenten brachen in die Wohnungen der Stiftsgeistlichen ein, zerschlugen Thüren und Fenster, zertrümmerten das Hausgeräth und was sie sonst vorfanden und warfen die vorhandenen Speisevorräthe auf die Strasse. Die Stiftsherren selbst konnten sich nur durch eilige Flucht vor persönlichen Misshandlungen retten. Es sollte jedoch noch Schlimmeres nachfolgen. Unter dem Einfluss der neugläubigen Prädicanten steigerte sich der Hass gegen die Geistlichkeit und die Klöster von Tag zu Tag. Bald nach dem ersten Aufstande kam es Anfang Juni zu neuen Ausschreitungen. Bewaffnete Haufen von Studenten, Handwerkern, losem Gesindel und hergelaufenen Bauersleuten zerstörten in wenigen Tagen mehr als sechzig „Pfaffenhäuser", richteten die fürchterlichsten Verheerungen an, vernichteten Bibliotheken und verübten Gewaltthätigkeiten schlimmster Art.

---

[1] „Humiliter profiteor me semper mansisse et mansurum esse intra limites doctrinae sanctae matris Ecclesiae" (Nr. 12, B 3 a; vgl. Nr. 9, B a).

[2] Historia Und beschreibunge des gantzen Laufs und Lebens, wie nemlich ich Daniel Greiser meinen curriculum vitae durch göttliche Gnade geführet habe. Dresden 1587. B b.   [3] Auszüge bei Janssen II, 165.

Sogar Todtschläge kamen vor; selbst der um die Universität hochverdiente Maternus Pistoris, ein Vertreter des ältern Humanismus[1], wurde zum Fenster hinausgeworfen, „dass er lag, als wer er gar tot". In einem neuen Aufstande gegen Ende Juli gingen sieben Häuser von Geistlichen in Flammen auf[2].

Der städtische Rath, dem die Bedrängung der Geistlichen nicht unwillkommen war, sah ruhig zu, als das neue Evangelium diese Erstlingsfrüchte hervorbrachte. Er hoffte nämlich, dass es ihm dank den innern Wirren gelingen werde, sich der verhassten Herrschaft des Erzbischofs von Mainz zu entziehen und die reichen Kirchengüter an sich zu bringen[3]. Erst als die Geistlichen sich zur Uebernahme der städtischen Lasten bereit erklärten und sich überdies verpflichteten, dem Rath ein Schutzgeld zu bezahlen, nahm sich letzterer der Aufrechthaltung der Ordnung an, so dass der Clerus in der nächsten Zeit sich einer erträglichen Ruhe erfreute.

Die neugläubigen Prediger, die Usingen zum Theil für solche Gewaltthätigkeiten verantwortlich machte[4], fuhren unter-

---

[1] Dieser verdienstvolle Gelehrte war aus Ingweiler im Unterelsass gebürtig.

[2] Kampschulte II, 117—130. Janssen II, 105 f. 210.

[3] Usingen mag wohl auch den Erfurter Magistrat im Auge gehabt haben, als er einmal in einer Predigt von „Tyrannen" sprach, „qui ob altim bonorum Ecclesiae tam monasteria quam ecclesiastica collegia libenter peasumire viderent, propter quod ad insolentiam et perfidiam priapistarum connivent et popularem foecem populabundam clericis in domos irroere permittunt et rident, sperantes forsitan per hunc modum tandem ad se ventrs bona cleri et religiosorum" (Nr. 13, B b).

[4] „Dicas, velim, quando canes muti dici politis, ubi erat clamor vester, dum aedes sacerdotum apud nos invaderentur, bona illorum diriperentur, coenobia lapidibus impeterentur, quando nec Augustinus noster nec Franciscus tuus nec Dominicus satis tutus erat in sedibus suis? An putas ignotum esse qui harum rerum authores et impulsores fuerant?" (Nr. 14, N 8 b.) Aus dieser Stelle geht hervor, dass auch die Klöster vielfach belästigt wurden, gegen Kampschulte (II, 142), der behauptet, dass die Klöster „in auffallender Weise Schonung erfuhren". In der Allgemeinen deutschen Biographie (Bd. XVII [1883], S. 636) sucht Brecher den Prediger Lang bezüglich der entstandenen Un-

dessen fort, das Volk gegen das „Papstthum" aufzuwiegeln. Besonders war es ihr Anführer, der Augustiner Lang, der eine grosse Rührigkeit entfaltete. Zu Anfang des Jahres 1521 war er von dem lutherisch gesinnten Generalvicar Wenzeslaus Link seiner Oberstelle enthoben worden[1], um ungehinderter als Prediger der neuen Lehre auftreten zu können. Sein stets wiederkehrendes Thema, wie auch dasjenige seiner Gesinnungsgenossen, war die sittliche Versunkenheit des altgläubigen Clerus[2] und die greuliche Finsterniss, die durch der Pfaffen Schuld die ganze Christenheit umnachte. An die Antipathien des gemeinen Mannes anknüpfend, belehrten sie ihn, wie so schmählich seine Vorfahren von dem Clerus hintergangen worden[3], wie die katholischen Geistlichen nur das Geld suchen, nicht die Seelen[4].

---

ruhen zu entschuldigen; doch muss dieser Autor gestehen: „Dennoch bleibt bei ihm sein schweigendes Verhalten ihnen (den Uruben) gegenüber auffällig; auch Luther konnte nicht unterlassen, ihm darum Vorwürfe zu machen." Von Usingen erfahren wir, was dies „auffällige Schweigen" zu bedeuten hatte.

[1] Den 4. Juni 1521 schrieb er: „Obligit ut ego jam diebus, imo mensibus aliquot, ab officiis et oneribus sane gravissimis tandem liberatus, majorum jussu verbum Dei annunciare coeperim, nam meapte temeritate nec volui nec debui, et ita concionibus praefui ut placeat multis, displiceat non paucis." Joannis Langi Erphurdiensis Epistola ad D. Martinum Margaritanum, Erphurdiensis Gymnasii Rectorem, pro literis sacris et seipso. Erfurt. 1521. A 2 a. Seit 1518 war Lang nur Districtsvicar gewesen; wie es scheint, war er auf dem Kapitel zu Eisleben (Sommer 1520) wieder zum Prior ernannt worden. Vgl. Kolde, Augustinercongregation S. 362.

[2] „Quid sonant frequentius suggesta vestra quam calumniam pastorum et praelatorum?" (Nr. 12, E a.) Vgl. Nr. 9, A 2 b: „Quid hac tempestate nostra frequentius resonant templa pistologorum et evangelicorum praedicatorum quam pontificum criminationes et irrisiones?"

[3] „Die, rogo, quid hac praedicatione vestra aliud facitis quam quod clerum dicitis populum hactenus decepisse, quo illum ei reddatis odibilem? Estne hoc populum suapte natura clero modice propicium armare in illum et ad persequendum reddere propensiorem; cujus haec nostra tempora apertissima dederunt et dant quotidie documenta" (Nr. 9, C a).

[4] Ein Prädicant erklärte auf der Kanzel: „Non animas vestras, sed marsupia vestra quaerunt" (Nr. 15, H 2 b).

Kein Wunder, dass der gemeine Mann sich gern um die Kanzeln versammelte, die vom Rufe gegen die Pfaffen erdröhnten [1].

In einer zeitgenössischen Schrift wird treffend geschildert, warum „die Leut zu dem Wort Gottes und Evangelium, wann es die abtrünnigen Apostaten predigen, also zulaufen". „Es pflegen solche Apostaten", erklärt der Verfasser, Simon Blick, Abt des Benediktinerklosters Pegau in Meissen, „Papst, Cardinäle, Bischöfe, Pfaffen, Mönche, Nonnen und alle Geistlichen, auch die hohen andern Stände, die nicht ihres Theils sind, zu schelten, schmähen, lästern und ganz übel auszurichten, welches nicht geschehen sollte, wenn sie gleich Heiden wären. Sie dürfen auch wohl sagen, dass dieselbigen Geistlichen die rechten Türken sind, und welcher unter den Ausgelaufenen diese am ärgsten ausrichten kann, der ist der gelehrteste. Solches alles hören die Laien sehr gern und laufen derhalben mit Haufen hinzu, und ein jeder flucht in sich: Ei, dass sie Gott schände! Wie haben sie uns bisher betrogen! Der andere: Der kann es ihnen sagen; das ist ein rechter Gesell; der sagt die Wahrheit und nimmt kein Blatt vor das Maul." „O liebe Freunde," bemerkt hierzu der Benediktiner, „ermesset bei euch selber, ob das des heiligen Geistes Werk und christliche Liebe sei." [2]

Was kümmerten sich aber die lutherischen Eiferer um solche Vorstellungen! „Es ist unser Amt," meinte Lang, „die Sünden aufzudecken und mit Gottes Wort zu strafen." [3] Er scheint indes auf die geistige Macht des göttlichen Wortes kein allzugrosses Vertrauen gesetzt zu haben; verkündigte er doch offen den Grundsatz, dass das Evangelium der Gewalt des Schwertes bedürfe. Seine im Sommer 1521 erschienene Uebersetzung des Evangeliums Matthäi widmete er dem streitbaren Erfurter Stadthauptmann Hermann von Hof [4], „dass

---

[1] „Populo maxime audire placet cleri diffamationem" (Nr. 14, L b).
[2] Blick. D a. [3] Nr. 16, K b.
[4] Kurz vorher hatte dieser Hauptmann Luther nach Worms begleitet (Kampschulte II, 90).

ein jeder wisse und sich zu besorgen habe, was er wider das Evangelium thun werde, dass er's auch wider euch gethan habe. Man muss leider schier das Evangelium mit dem Schwert erhalten" [1].

Dem Prediger Lang hatten sich in kurzer Zeit zahlreiche Verkündiger der neuen Lehre beigesellt; namentlich waren es abgefallene Ordensgeistliche, die in verschiedenen Kirchen Vorträge eröffneten. Aus dem Augustinerkloster waren im Spätjahr 1521 nicht weniger als 14 Mönche in tumultuarischer Weise ausgetreten. Selbst Luther, der auf der Wartburg hiervon Kunde erhielt, konnte nicht umhin, darüber seine Missbilligung auszusprechen [2]. Die Erfurter Humanisten dagegen, Eoban Hessus und andere, zeigten sich über das Austreten der Mönche hoch erfreut. Fort und fort mahnten sie Lang, der immer noch im Kloster wohnte, er möge doch einmal sein „verpestetes Gefängniss" verlassen und von seinen „Eseln" sich lossagen [3]. Dieser Aufforderung glaubte endlich Lang nachkommen zu sollen. Aus sechzehn Gründen [4], wie er in der Rechtfertigungsschrift an das Wittenberger Ordenskapitel ausführte, namentlich auch „weil die Oberen insgemein Esel seien und nicht wüssten, was der Glaube wäre", verliess er zu Anfang 1522 das Kloster [5], um sich bald nachher zu ver-

---

[1] Bei Riederer S. 254. Riederer (S. 262) bemerkt hierzu: Lang habe „die evangelische Wahrheit gar zeitig erkannt und eifrig gefördert, wiewohl es mich dünkt, er möchte am Anfang noch zu hitzig gewesen sein."

[2] Luther an Lang, 18. December 1521: „Non probo egressum istum tumultuosum, cum potuissent et pacifice et amice ab invicem separari" (De Wette II, 115).

[3] Eoban an Lang, 1521 (Eobani Epistolae 70. 74. 75). Kurz vorher hatte derselbe Eoban von dem „heiligen und glücklichen Leben" gesprochen, das man in dem „geheiligten" Kloster führe. Eoban an Lang, 6. Juni 1516: „In sacro coenobio . . . in sacra ista ut beata vita" (Epistolae 18). Wäre ich nicht verheiratet, schrieb er ein anderes Mal, so möchte ich fast auch eine Kutte anziehen: „Si uxorem non haberem, vellem prope etiam latum cucullum sumere." An Lang, 1519 (Epist. 19).

[4] Angeführt bei Kapp S. 529.

[5] Nach Kampschulte (II, 148); Kolde (Augustinercongregation

heiraten¹. Als Luther dies vernahm, äusserte er grosse Besorgniss. Er fand den Austritt seines Freundes voreilig und wollte überhaupt bemerken, dass viele aus unlautern Beweggründen die Klöster verliessen². „Ich sehe," schrieb er an Lang den 28. März 1522, „dass unsere Mönche zum grossen Theil aus keinem andern Grund austreten, als aus welchem sie eingetreten sind, nämlich dem Bauche und fleischlicher Freiheit zu fröhnen."³ „Dies war aber um so bedenklicher, als gerade aus ihren Reihen die meisten Diener und Verkündiger des neuen Gotteswortes hervorgehen sollten."⁴

Auch in Erfurt waren es meistentheils ausgetretene Mönche, Franziskaner, Dominikaner, vor allem Augustiner, die als Verkündiger des neuen Evangeliums auftraten. Zwar lieferte auch der Weltclerus einige neugläubige Prediger, doch waren

S. 394), Krause (I, 339) wäre Usingen allein dem Orden treu geblieben. Dies ist jedoch unrichtig. Wohl wirft Usingen dem Lang vor: „Quindecimus existi a nobis, causa omnibus ut abirent" (Nr. 18, C 3 b). Allein der Satz „causa omnibus" etc. bezieht sich nur auf die 14 Mönche, die vor Lang ausgetreten waren. In einer andern Schrift (Nr. 12, F s) berichtet Usingen, dass 15 Mönche das Kloster verlassen hatten. Doch waren noch mehrere zurückgeblieben (vgl. Nr. 18, D 8 a), unter andern Nathin, der noch 1523 auf dem Leipziger Ordenskapitel als Vertreter des Erfurter Klosters erscheint.

¹ Schon im Frühjahr 1523 hatte er den Verlust seiner Frau zu beklagen (Luther an Lang, 1. Mai 1523; De Wette II, 332). Anfang 1524 verheiratete er sich wieder mit einer alten, aber reichen Person, worüber Usingen in seinen Streitschriften mehrmals bissige Bemerkungen macht.

² Anfang 1522 hatte ein lutherisch angehauchtes Ordenskapitel in Wittenberg den Mönchen den Austritt freigestellt (bei Kapp S. 580 ff.). Aber schon einige Monate später musste das Ordenskapitel in Grimma gestehen, dass der Wittenberger Beschluss grosse Aergernisse hervorgerufen habe: „Ea cogitatio multis occasio scandali fuisse videtur... Libertatem christianam fratribus permittere debuimus, quamvis illa multos, proh dolor! in blasphemiam nominis et Evangelii Christi didicimus abuti... Displicet plane nobis temerarius ille exitus et incivilis discessio multorum, qui terram instar brutorum vel graecarum opplent; ventricolae, dyscoli simul ac otiosi" etc. (Kapp S. 535 ff.).

³ De Wette II, 175. ⁴ Kampschulte II, 149.

die Mönche viel zahlreicher. In hastiger Eile drängte sich alles, was dem Kloster entlaufen, auf die Kanzel.

Dass solche Männer die katholische Vergangenheit in den schwärzesten Farben ausmalten, ist leicht begreiflich; sie glaubten ja dadurch am besten ihren Abfall rechtfertigen zu können. Durch böswillige Uebertreibung der kirchlichen Missbräuche suchten sie, wie Usingen mehrmals hervorhebt, ihre eigenen Laster zu beschönigen [1].

Anfangs hatten sie noch eine Zeitlang den alten Gottesdienst bestehen lassen [2]; bald jedoch führten sie allerlei Neuerungen ein, um mit der alten Kirche gänzlich zu brechen. Das Alte Testament, lehrten sie, schreibe ausdrücklich die Pflicht vor, den Glauben der Vorfahren zu verlassen [3]. Die Kirche sei nichts anderes gewesen als eine „Mutter von Menschensatzungen, Hoffart, Geiz, Wollust, Treulosigkeit und Heuchlern", eine „Werkstätte der Lüge und alles Bösen". Der gemeine Mann, verlangte einer der Apostaten, solle, so oft er in der Predigt nur den Namen der katholischen Kirche höre, ein Kreuz schlagen. Nicht einmal die Kirche der ältesten Zeit blieb verschont. Kirchenväter aus den ersten Jahrhunderten und Heilige des Mittelalters wurden in der robesten

---

[1] „Qui (scilicet monachi) quantum in ordinem suos saeviant, facile dictu non est, ut facto suo impio fucum quemdam quaerant quo male fecisse non videantur" (Nr. 10, A 2 a). „Summa innocentum infamia libenter sua tegerent crimina" (F 5 a). „Tales abusus in populum blacteralia, ut . . . facinoribus vestris fucum et colorem facialis" (Nr. 12, D 4 a). „Non me latet quantum quotidie pro suggesto latres in probos et stabiles monachos, ut tuo facinori et apostasiae velamen et fucum praetendas et facias coram insola plebe" (Nr. 14, B 8 b).

[2] Noch im April 1522, als er bereits das Kloster verlassen hatte, celebrirte Lang Privatmessen. Vgl. Luther an Lang, 12. April 1522 (De Wette II, 180). Bald nachher lehrte er: „Impietas maxima est Christum a novo crucifigere et in altari offerre" (Nr. 18, C 4 a).

[3] Zu diesem Zwecke führte Culsamer einen Text Ezechiels (20, 18) an: In praeceptis patrum vestrorum non ambulabitis. Usingen antwortete ihm mit Recht: „Dico te scripturam illam omnino inepte producere" (Nr. 9, B 8 b).

Weise in den Koth hinabgezogen; die Keuschheit eines heiligen Franciscus, eines hl. Dominicus wurde zum Gespötte des Pöbels gemacht[1].

Gerade die rohe, unwürdige Weise, in welcher sich manche Neugläubige über die Heiligen aussprachen, bestimmten einen Erfurter Universitätsprofessor, Johann Femelius, für den katholischen Glauben in die Schranken zu treten. Noch im Jahre 1520 hatte dieser eifrige Anhänger der Humanistenpartei gegen die „unheilige Rotte", die Luther zu widersprechen wagte, seinen Zorn ausgelassen[2]. Justus Jonas, der inzwischen Erfurt verlassen hatte, um sich nach Wittenberg zu begeben, spendete noch Anfang 1522 dem „unvergleichlichen" Dichter die herrlichsten Lobsprüche[3]. Aber bald wurde Femelius durch das Treiben der Prädicanten auf andere Ansichten gebracht. „Die Predigt und Lehr, allhie aufgerichtet in kurzer Zeit," schrieb er im Sommer 1522[4], „gefällt mir gar nicht und ist in der Wahrheit bös und giftig und gelangt fast zu bösen Sachen."

Insbesondere ward er schmerzlich von den Schmähungen berührt, die man sich gegen die Heiligen erlaubte. „Ich will lieber," erklärt er, „dass man meinen Namen lästert, schändet, schmähet und vermaledeiet, auf dass doch zum Theil verschonet werde der Namen und die Ehre Christi und seiner auserwählten Freunde, dass nicht einmal der Zorn Gottes vom Himmel herabschicke Feuer, Donner, Blitz, Schwefel, Pech und schlage in die Lästerer der Heiligen, dass es prasselt.

---

[1] Vgl. über das Treiben der Prädicanten die trefflichen Ausführungen bei Kampschulte II, 144—152. [2] Kampschulte II, 81.

[3] Jonas an Lang, 8. Januar 1522: „Saluta Foemelium, musarum et gratiarum incomparabile decus et collegarum florem." Kawerau S. 84.

[4] Eyn kurtz Sermon aso die heyligen Gottes belangenn. An alle doctores tzu Erffurdt, sie seynt jund ad' alt, man ad' frawe. Johannes Femelius. Ohne Ort und Jahr (Erfurt 1522). Dass die Schrift im Sommer 1522 erschien, ergibt sich aus der ersten Streitschrift Usingens (Nr. 9, E a. Herbst 1522), worin bereits darauf verwiesen wird. 1522 war Femelius Decan der philosophischen Facultät. Vgl. Weissenborn II, 325.

Haben etliche der lieben Heiligen Missbrauch und ihren Geiz gesucht, was sollen das die Heiligen entgelten? Es ist nicht zu thun um den Unflath, um Geld, Silber und Gold, sondern um den grossen Schatz und die Erbschaft des Herrn Jesu Christi, den er erkauft hat mit seinem heiligen unschuldigen Blut. Darum sollte einem jeglichen Christenmenschen das Herz brechen, so er hört, dass der auserwählten Freunde und Brüder Christi so schmählich und lästerlich gedacht werde. Es hat gewisslich[*], fügt er klagend hinzu, „kein Vater hier auf Erden seinen Sohn, keine Mutter ihre Tochter, kein Ehemann sein Weib so herzlich und hitzlich lieb, als Christus und Gott der Vater seine lieben Heiligen, die ihr rosenfarbenes Blut vergossen haben um seiner Ehre willen. Derhalben ist es auch mit weinenden Augen zu beklagen, dass da seien, die da sprechen dürfen, sie wollten nicht einen Heller geben um alle Heiligen, oder thäten — mit Zucht zu reden — auf alle Heiligen[1]; welches wahrlich eine grosse Sünde ist, und dennoch wollen solche grobe, ungeschliffene Ackertrolpen die vornehmsten, grössten und stärksten im christlichen Glauben sein."

Wenn doch wenigstens die Gründe, die gegen die Heiligenverehrung vorgebracht werden, einigen Werth hätten. Allein „ich darf in der Wahrheit sagen, dass alle Argumente und Bewährungen, so aufgebracht worden bis auf diesen Tag von allen Predigern zu Erfurt, sie pochen, poltern und stürmen, wie sie wollen, nicht eine Schlehe oder eine schäbige faule Nuss werth sind, zu verwerfen die Fürbitte der Frommen und Heiligen. Es sind viele grobe, finstere Köpfe, welche, auch was ganz wahrhaftig ist, in ärgsten Verstand wenden und fällen ein närrisch Urtheil in den Sachen, welche sie gar nicht verstehen, dass man's auch mit beiden Fäusten tasten möchte."

---

[1] Vgl. folgende Stelle: „Könnte ich doch den harten, groben und unverständigen Köpfen zum Theil erwehren, die unter den Laien und täppischen Weibern sind, die da nicht hören können von den Heiligen, sagen und sprechen — mit Urlaub — Ich sollte sie in dem H . . . . küssen" (B 8 a).

Mit Paulus, auf den sie sich so gern berufen, stimmen sie überein „wie ein grosser Brummochse mit einer jungen Nachtigall". Wohl sagt der Apostel, es gebe nur einen Mittler, Christus Jesus; „er setzt aber alsbald hernach, auf welche Weise, nämlich einen solchen Mittler, der sei ein Seligmacher". Die Heiligen seien indes nur „Fürbitter". Mittler der Erlösung und Fürbitter seien aber „gar nicht Ein Ding, wie man's dem einfältigen armen Volk so hart eingebläut hat mit Pochen und Stürmen". Man sage auch noch: Wer an Christus glaube, der bedürfe keiner Fürbitte der Heiligen; man thue Christo eine Unehr an, wenn man sich an die Heiligen wendet. Hat aber Sanct Paulus nicht einen starken Glauben gehabt? frägt der Verfasser. „Dennoch begehrt er seiner Brüder Fürbitte an vielen Orten seiner Episteln." Warum dürften wir dann nicht auch an unsere Brüder im Himmel uns wenden, damit sie bei Gott für uns anhielten? „Es kann zwar keine Creatur weder im Himmel noch auf Erden ein klein gering Fünklein von Glauben, Hoffnung und Liebe von sich selbst geben; aber sie können wohl nach Laut der Schrift beten zu Gott, dass er dasselbe gebe."

Man könne sich denn auch des Lachens nicht enthalten, wenn die Neuerer „so gar lose ungegründete Argumente" vorbringen, „welche aller Schrift entgegen sind". Allein „ein gemeiner Handwerksmann oder Laie ist bald mit solchen Argumenten gesättigt und glaubt und plumpst hinein, wie einer, dem Hände und Füsse entgangen sind, eine Treppe hinunterfällt".

Es gab indes selbst unter den Neugläubigen noch manche, welche die Verehrung der Heiligen nicht gänzlich verwerfen wollten. Diese Frage drohte sogar in der Erfurter evangelischen Gemeinde eine Spaltung heraufzubeschwören. Luther, der an allem, was Erfurt betraf, den lebhaftesten Antheil nahm, richtete deshalb am 10. Juli 1522 an die Gemeinde von Erfurt ein Sendschreiben, worin er eindringlichst auffordert, der gleichgiltigen Frage von der Heiligenverehrung sich zu entschlagen, die Schwachen zu schonen, gewaltsame

Neuerung und Empörung zu vermeiden. „Es sind viel leichtfertige Leute," fügt er hinzu, „die meinen der Sache des Evangeliums mit dem Schwert und der Faust zu helfen und wollen wohl ausgerichtet haben, wenn sie Pfaffen und Mönche schmähen oder beschädigen." [1]

Indem aber Luther gleichzeitig die Prädicanten aufforderte, gegen Usingen, der inzwischen auf dem Kampfplatze erschienen war, ohne Schonung vorzugehen, nahm er selbst seinen Ermahnungen ihre Kraft. Da der Alte gänzlich verstockt sei, schrieb der Wittenberger an Lang den 26. Juni 1522, so müsse man ihn dem Spotte und der Verachtung preisgeben [2]. Sogar eine unwürdige Entstellung des Namens Usingens scheut Luther nicht: den einst so verehrten Lehrer nennt er jetzt „Unsingen" [3].

Luthers Aufforderungen fielen in Erfurt auf einen fruchtbaren Boden. „Durch seine eigenen Schüler wurde Usingen dem Spott, der Verachtung und dem Muthwillen preisgegeben, was er am wenigsten verdient hatte." [4] Er liess sich jedoch durch die zahllosen Verunglimpfungen, die ihm zu theil wurden, nicht einschüchtern. Er habe eine „eherne Stirne", wurde ihm einmal von einem Prädicanten vorgeworfen. „Ja wohl, eine solche habe ich," erwiderte Usingen. „Euern Ketzereien gegenüber ist sogar meine Stirne hart wie Diamant, und kein Mensch hienieden wird dieselbe mir jemals brechen können. Denn ich weiss und glaube festiglich, dass durch die katholische Kirche Christus zu mir spricht. Dieser seiner Braut hat er seinen Geist gegeben, dass er sie erleuchte und führe und im Glauben nie irren lasse." [5]

Es dürfte von Interesse sein, den erbitterten Kampf, der zwischen diesem glaubensstarken Manne und den Neuerern entbrannte, in der Nähe zu betrachten.

---

[1] De Wette II, 219 ff.
[2] „Proinde sic contra ejus insanias docendum est, ut ejus rudissima et caecissima inflatura contemnatur" (De Wette II, 213).
[3] De Wette II, 255.   [4] Kolde, Augustinercongregation S. 394.
[5] Nr. 12, K 4 a.

Viertes Kapitel.

Usingens Kampf mit den Erfurter Prädicanten.

Schon im Jahre 1521 war Usingen in der Augustinerkirche öfters gegen die Neuerung aufgetreten; doch hatte er seine Vorträge einstellen müssen, weil Lang einen solchen Prediger neben sich nicht dulden wollte [1]. Die kurze Unterbrechung sollte indes der guten Sache nicht zum Schaden gereichen, da bald nachher dem katholischen Ordensmanne ein viel wichtigerer Wirkungskreis eröffnet wurde [2]. Zu Anfang des Jahres 1522 wurde ihm von der Geistlichkeit des Marienstiftes das Predigtamt in der Domkirche angetragen [3]. Usingen nahm dies ehrenvolle Anerbieten bereitwilligst an und begann nun mit unermüdlichem Eifer die von den Neuerern angegriffenen Lehrpunkte eingehend zu behandeln [4]. An die Vertheidigung der kirchlichen Lehren knüpfte er die eindringlichsten Ermahnungen, der alten wahren Kirche, in der die Väter gelebt und selig geworden, treu zu bleiben. Er warnte zugleich vor den neuen falschen Propheten, die unter dem Schein des Evangeliums und der Freiheit Religion, Zucht und Ehrbarkeit vernichteten, Aufruhr und Tumult erregten und das christliche Gemeinwesen einer endlosen Verwirrung preisgäben. Ein makelloses Leben, verbunden mit dem Rufe grosser Gelehrsamkeit, sicherte dem Prediger einen nicht ge-

---

[1] „Quod (Predigen) saepe fecerum et tam saepe quod tuus corrector (Lang) me praedicando amplius praedicare recusaret. Cogebar ego senior cedere illi, ut aequum erat, ne Evangelium pateretur jacturam et secta vestra recenter orta, ne pergere cohiberetur" (Nr. 12, E 2 a).

[2] „Voluerunt impedire complices tui ne verbum Dei contra haeresem suam praedicarem, et ad tempus impedierunt juvamine correctoris tui ... Sed sua impeditione promoverunt quod cohibere nitebantur" (Nr. 12, U 2 a).

[3] Nr. 15, H 8 a.

[4] Mehrere seiner Predigten hat er seinen Streitschriften beigefügt; da jedoch nur das lateinische Concept abgedruckt wird, so kann ich über die Predigtweise des Augustiners nichts Näheres mittheilen.

wöhnlichen Zulauf. Zu Tausenden scharte sich das Volk um die Kanzel des ehrwürdigen Ordensmannes[1].

Dass ein solcher Zulauf die Wortführer der neugläubigen Partei arg verdriessen musste, ist leicht zu begreifen. Sie beeilten sich denn auch, das Auftreten ihres alten Lehrers — denn das war Usingen den meisten Prädicanten — nach Kräften unschädlich zu machen. Johann Culsamer und Georg Forchheim (zwei abgefallene Weltgeistliche), Aegidius Mechler (ein entlaufener Franziskaner), Johann Lang, Antonius Musa, Johann Kohl und manche andere mahnten ohne Unterlass das Volk, dem „hartnäckigen Alten", dem „verblendeten Sophisten"[2] kein Gehör zu schenken. Fast jeder Vortrag Usingens rief eine ganze Reihe von Gegenpredigten hervor. Durch bestellte Zwischenträger erfuhr man, was der Augustiner gesagt hatte. Hier und da wurden auch lärmende Volkshaufen in seine Predigten geschickt, ihn durch Zischen und lautes Reden in Verwirrung zu bringen; wiederholt mischten sich Culsamer und Forchheim selbst unter die Zuhörer, um sofort die Umstehenden eines Bessern zu belehren oder Stoff für ihre nächste Predigt zu holen[3].

---

[1] In einer Predigt am Matthiasfeste 1525 hatte er, wie er selber berichtet, beinahe 4000 Zuhörer. „Quibus a me praedicatis in praesentia hominum pene quatuor millium" (Nr. 11, B 3 b).

[2] „Clamat (Lang) pro suggesto me coecatum philosophia" (Nr. 12, A 2 b).

[3] „Si honestatis ordo servandus est in concionibus, ne simul plures loquantur, ad cavendum tumultum et contentionem, cur a te (Culsamero) et tuis instituti jam passim hunc ordinem non servant, qui in faciem praedicantis linguas laxant et irreverenter inhonesteque concionibus interpellant, propter quod superioribus diebus quidam illorum in aquam fuit projectus, quo baptismate et tu dignus esses? Quoties me concionantem audis, non ut tibi sim praedicator, sed ut tu mihi observator sis et calumniator? Et quare tu ipse non servas quod Apostolum docere interpretaris, qui sub sermonibus meis submurmuras et circumstantes aliter atque ego praedico doces, quibus scripturas tanquam in me militantes citare non erubescis?" (Nr. 12, B 2 a). Vgl. Kampschulte II, 154 ff.

Auch zahlreiche Unbilden sollten dem mannhaften Vertheidiger des alten Glaubens nicht erspart bleiben. Inmitten des aufgehetzten Pöbels fühlte er sich kaum seines Lebens sicher. Mehr als einmal, berichtet er selbst, sei der Versuch gemacht worden, ihn gewaltsam aus dem Wege zu räumen. Gedungene Nachsteller lauerten ihm auf, wenn er aus der Predigt heimkehrte [1]. Gleich am Anfange, als er im Frühjahr 1522 zu predigen begann, hatte man ihn durch allerlei Drohungen einzuschüchtern gesucht [2]. Seitdem war die Lage der Altgläubigen von Tag zu Tag bedenklicher geworden. Im Jahre 1523 erhob sich der evangelische Pöbel in einem neuen Aufruhr. Der Rath, an den sich die bedrängten Katholiken um Hilfe wandten, sagte ihnen seinen Schutz erst zu, als sie sich zur Entrichtung eines bedeutenden Schutzgeldes verstanden. Um schwere Summen musste die Duldung des alten Gottesdienstes erkauft werden [3].

Usingen blieb jedoch nach wie vor dem Muthwillen des Pöbels ausgesetzt. Wie oft wurde er, wenn er von der Predigt heimkehrte, mit Koth und Steinen beworfen, mit allerlei Schmähungen überhäuft! [4] Der Magistrat hatte ihn zwar unter seinen Schutz genommen; ja er hatte ihm sogar einen Geleitsbrief ausgestellt, was Usingen mit Recht hervorhebt; denn seitdem Erfurt gegründet worden, meinte er, sei es wohl noch nie vorgekommen, dass ein Prediger eines Geleitsbriefes bedurft hätte. Der zugesagte Schutz hatte indes für den katholischen Prediger nur geringen Werth, da sich niemand darum kümmerte. Usingen klagte denn auch im Jahre 1524: „Eine jede Obrigkeit hält darauf, dass das sichere Geleit, sei es auch nur einem Juden oder Heiden verliehen worden, von den Untergebenen nicht missachtet werde. Seit den drei Jahren nun, wo ich hier predige, bin ich mit einem Geleitsbriefe

---

[1] Nr. 12, B 8 b; Nr. 14, S 4 b.

[2] „Multi ex utroque sexu hactenus mihi lapides et stercora minati sunt, ut me vel sic a praedicatione verbi Dei absterrerent" (Nr. 9, E 3 a).

[3] Kampschulte II, 170.

[4] Nr. 14, S 4 b.

versehen; dennoch hat ein jeder seinen Muthwillen an mir auslassen können; man konnte sogar auf der Kanzel ungestraft meine Vertreibung und meinen Tod verlangen [1]. Ich habe alles geduldig ertragen und niemand beim Magistrat verklagt. An dies, mein Bruder," hält er dann dem Prädicanten vor, der ihn beschuldigte, dass er das Kreuz Christi von sich geworfen, „an dies hättest du dich erinnern sollen, da du auch zu jenen gehörst, die Meuchelmörder gegen mich ausgesandt haben [2]. Weil aber euer Wunsch nicht in Erfüllung gegangen, weil ich nicht getödtet noch vertrieben worden bin, so muss ich nun, dir zufolge, der du unter dem Schutze des Volkes nichts dergleichen erlitten hast [3], das Kreuz Christi weit von mir weggeworfen haben."

Ein „Kreuzträger" war Usingen früher von Luther genannt worden. Diesen Titel verdiente er besonders jetzt, wo er wegen seines Glaubens so manche Unbilden zu ertragen hatte. Denn nicht bloss auf der Kanzel und auf offener Strasse, auch in verschiedenen Schriften wurde er aufs heftigste angegriffen. Doch die Feder zu führen verstand auch Usingen. Mit einer Rührigkeit, die bei dem 60jährigen Greise in Erstaunen setzt, veröffentlichte er in kurzer Zeit eine ganze Reihe von polemischen Schriften; keinem der Angreifer blieb er die Antwort schuldig.

Den literarischen Kampf eröffnete Johann Culsamer durch eine deutsche Streitschrift, die er im Frühjahr 1522 gegen die ersten Predigten Usingens ausgehen liess [4]. In einem Briefe, den Culsamer beim Erscheinen seiner Schrift dem Augustiner zusandte, erklärte er ihm: „Ich hätte gewiss dein Alter und das Ansehen, das du wegen deiner Gelehr-

---

[1] „Saevitum est in me pro cujusque arbitrio, immo pro suggesto praedicatum est impune pro mea et expulsione et necatione" (Nr. 14, T a).

[2] „Cum unus ex illis es, qui trucidarios et sicarios in me egerunt" (ibidem).

[3] „Tu autem nihil tale passus es populari favore tutus" (ibid).

[4] Ein widerlegung Joannis Culsamer wider etliche Sermon geschiben zu Erffurth von Doctor Bartholomäus usingen. 1522.

samkeit beim Volke geniessest, verschont¹, wenn ich nicht gewusst hätte, dass du gänzlich verstockt seiest. Hast du doch öffentlich erklärt, dass du deine bisherigen Ansichten niemals ändern und selbst durch die Heilige Schrift dich nicht belehren lassen wolltest. Da unter solchen Umständen von einer brüderlichen Warnung nichts zu erwarten gewesen wäre, so habe ich wenigstens die hiesigen Einwohner vor deinen irreführenden Predigten warnen wollen. Solltest du in der Verkündigung deiner Irrthümer fortfahren, so werden noch andere Schriften gegen dich veröffentlicht werden."

Der tief verletzte Ordensmann zögerte zuerst, die Herausforderung anzunehmen. Als aber ein anderer Prädicant, Antonius Musa, ein Schüler Usingens, sich unterstand, seinen frühern Lehrer in einem Briefe spöttisch zu fragen, ob er denn nichts zu antworten wisse², da konnte sich der kampfgerüstete Augustiner nicht länger zurückhalten³. Im Herbste 1522 veröffentlichte er eine Antwort auf Culsamers „Widerlegung"⁴. Es sei falsch, berichtigt er gleich am Anfange, dass er behauptet habe, er wolle selbst durch die Heilige Schrift sich nicht belehren lassen; wohl aber habe er erklärt, dass er bezüglich der streitigen Schriftstellen von der Auslegung der Kirche niemals abweichen werde; denn die Kirche sei unfehlbar, da sie vom Geiste der Wahrheit, vom Urheber und alleinigen Ausleger der Schrift geleitet werde.

Culsamer hatte insbesondere eine Predigt angegriffen, die vom Augustiner am Feste des hl. Adelarius (20. April)

---

¹ „Poperclasem certe aestimationi quam vulgus habet de tua eruditione." Ein unverdächtiges Zeugniss für das grosse Ansehen, das Usingen in Erfurt genoss. Culsamers Brief hat Usingen seiner ersten Streitschrift vordrucken lassen.

² „Taceo improperia quae mihi interea quo silui irrogata sunt ab evangelicis praedicatoribus, quorum unus cognomento Musa, nescio an attica vel alia, me nuper scriptis satis amusis invasit, cui tamen aliquando reverentiam et honorem juravit" etc. (Nr. 9, F. 3 a).

³ „Et quid putatis, amici mei? Numquid non parandum fuit Musae? Certe parandum fuit, ne et ipse prorsus amusus viderer" (ibid.).

⁴ Vgl. Schriften Nr. 9.

1522 über die Verdienstlichkeit der guten Werke und die Verehrung der Heiligen gehalten worden. Usingen gibt zuerst den Text dieser Predigt, um dann die gegnerischen Angriffe zurückzuweisen. Auch zahlreichen Entstellungen musste er entgegentreten. War ihm doch vom lutherischen Prädicanten vorgeworfen worden, er predige Christum nicht, da er glaube, des göttlichen Heilandes nicht nöthig zu haben [1]. „Ich predige das Evangelium Christi," erwiderte mit Entrüstung der katholische Prediger, „wie kannst du dann sagen, dass ich des Heilandes nicht gedenke? Ich bin ein Geschöpf Gottes, wie sollte ich also des Beistandes meines Schöpfers nicht nöthig haben? Und wollte ich einen solchen Beistand ablehnen, würde ich dann nicht aus mir selbst einen Gott machen?" Usingens treffliche Ausführungen über die Rechtfertigung, die guten Werke, die Anrufung der Heiligen können wir hier füglich übergehen, da weiter unten seine Ansichten über einige Hauptpunkte eine zusammenhängende Darstellung finden werden. Einstweilen möge es genügen, die Schriften, die der Kampf mit den Erfurter Prädicanten hervorrief, in aller Kürze namhaft zu machen.

Zu Anfang des Jahres 1523 liess Culsamer, diesmal in lateinischer Sprache, eine neue Schrift ausgehen als Antwort auf Usingens „unverschämtes Büchlein" [2].

„Wenn Culsamer", erwiderte der Augustiner in der Vorrede seiner Replik, „schon meine erste Schrift für schamlos hält, was wird er dann wohl zu der vorliegenden sagen, in welcher ich ihm schärfer zu Leibe gehe?" Die Streitschriften, die jetzt Usingen Schlag auf Schlag erscheinen liess, sind in der That äusserst scharf gehalten; nicht selten stösst man darin auf Derbheiten, die alles Mass überschreiten. Der Augustiner scheint dies selber eingesehen zu haben; wenigstens sucht er sich zu entschuldigen. „Beim Erscheinen meiner

---

[1] „Quia ejus nec egeam nec egere vellm" (Nr. 9, B 2 a).
[2] Adversus Magistri nostri Barptholomaei Usingi impudentem libellum Jo. Culsameri confutacio, qua sophistarum revellitur impietas. Erphordiae 1523.

ersten Schrift", erklärt er, "waren manche, die mein lebhaftes Temperament kennen, ganz erstaunt, dass ich so bescheiden aufgetreten sei [1]. Sollte mir indes schon damals etwas Menschliches widerfahren sein, so möge Culsamer wissen, dass er dies sich selber zuzuschreiben habe. Warum hat er mich herausgefordert, da ich ihn doch vorher niemals, auch nicht durch das geringste Wort, verletzt hatte?" — "Am Anfange habe ich euch junge Leute", erklärt Usingen in einer andern Schrift, "mehrmals gemahnt, mich in Ruhe zu lassen und mich nicht zum Kampfe zu reizen. Ihr habt aber dann nur mit desto grösserer Frechheit gegen mich getobt"[2]. Ihr dürfet denn auch nicht klagen, wenn ich euch scharf antworte. Warum habt ihr mich zuerst in euern Predigten und Schriften so übel behandelt? Als evangelische Prediger werdet ihr wohl wissen, was der Heiland gesagt: Mit welchem Masse ihr messet, mit dem wird euch wieder gemessen werden."[3] "Verfahre mit mir", sagte er später einem seiner Gegner, "sanftmüthig und anständig, so werde ich dir in der grössten Ruhe und Sanftmuth Antwort geben."[4] Sanftmuth und würdevolle Ruhe waren jedoch dem zornigen Eifer der Prädicanten etwas Unbekanntes; wundern wir uns also nicht, wenn auch der ernste Ordensmann in seiner Polemik öfters einen Ton anschlägt, der uns heute unangenehm berühren muss[5]. "Die pöbelhafte

[1] "Fucis suis et calumniis prioribus modestius respondi quam debebam, adeo etiam ut multi admirati sint qui viridioris aetatis meae vehementiam aliquando experti sunt et noverunt" (Nr. 10, A b). Auch die "Unschuldigen Nachrichten" gestehen bei Gelegenheit einer kurzen Besprechung dieser Schrift (Jahrg. 1717, S. 553), dass Usingens Entgegnung "mit ziemlicher Bescheidenheit" abgefasst sei.

[2] "Admonui vos juvenes ante aliquot annos me senem missum faceretis, quando pro suggesto verae pietati primo insultare cepistis... Sed tunc amplius ferocire cepistis, et me veterem Hüpfandum vocastis, taceo alia despectionis nomina multa" (Nr. 18, J 4 a).

[3] Nr. 14, L 2 a.   [4] Nr. 18, K 2 b.

[5] In seinen Predigten, so behauptet er wenigstens, hat er diesen Fehler zu vermeiden gesucht. "Non meum est virulente alicui inter concionandum, quando in Dei loco sum et verba ejus loquor, insultare" (Nr. 12, M a).

Art," sagt ein protestantischer Schriftsteller, „in der die Erfurter Prediger gegen ihn auftraten, riss auch den sonst würdevollen, billigen und von hohem sittlichem Ernst durchdrungenen Usingen zu Masslosigkeiten fort." [1]

Auf Culsamers lateinische Entgegnung liess der schlagfertige Scholastiker drei besondere Schriften folgen. Die erste [2] ist hauptsächlich der Vertheidigung einer Predigt gewidmet, die Usingen am Feste Petri und Pauli 1522 in der Benediktinerkirche auf dem Petersberge über die katholische Kirche und den päpstlichen Primat gehalten hatte. Gleich am andern Tage war diese Predigt von Forchheim auf der Kanzel aufs heftigste bekämpft worden. Da jedoch der leidenschaftliche Prädicant einige Tage später vom Schlage gerührt eines jähen Todes gestorben war, so wollte sich Usingen mit dem dahingeschiedenen Gegner, einem frühern Schüler [3], dessen Unbesonnenheit er aufrichtig bedauerte, nicht weiter beschäftigen [4]; doch unterliess er nicht, das unglückliche Ende eines

---

[1] Riggenbach in der Real-Encyklopädie I, 709. Derselbe Autor schreibt an einem andern Orte: „Usingen war eine höchst achtungswerthe, von sittlichem und religiösem Ernst durchdrungene Persönlichkeit, neben welcher die evangelischen Prädicanten Lang, Mechler und Culsamer in mehr als einer Beziehung als Epigonen erscheinen mussten, selbst wenn sie mehr gewesen wären, als sie in der That waren ... Usingen erntete überhaupt für seine Bestrebungen keinerlei Anerkennung. Er wurde der Verhöhnung des Pöbels und seiner sich ihre Erbärmlichkeit darin noch ganz besonders bekundenden Lieblingsprediger preisgegeben und war zuletzt seines Lebens nicht mehr sicher. Um so angezeigter wäre es, ... die Verdienste dieses Mannes eingehender zu würdigen" (B. Riggenbach, Johann Eberlin von Günsburg, Tübingen 1874, S. 214. 217).

[2] Schriften Nr. 10.

[3] „Meus olim discipulus erat; sed quo honore me affecit, non est modo narrandi locus. Requiescat in pace" (Nr. 12, C 2 b).

[4] Quam (confutationem) Forchemius mox altera die pro suggesto tentavit, non quidem argumentis solidis et scripturis recte intellectis, sed meris conviciis et furiosis calumniis... Qui paucos post dies in fata concessit in aydem a suis relatus est... Misereatur Deus animae ejus meo impulsu ei juventae suae vecordiam et zelum nimis fervidum, non minus indoctum quam indiscretum, quo in catholicam saevivit Ecclesiam

Mannes, der inmitten seines Tobens gegen die Katholiken vor den Richterstuhl Gottes gerufen worden, den andern Prädicanten als warnendes Beispiel vorzuhalten [1].

Forchheim hatte Usingens Predigt nur mündlich bekämpft; Culsamer dagegen suchte dieselbe auch schriftlich zu widerlegen. Dass der Augustiner, als entschiedener Katholik, die göttliche Einsetzung des Primats gelehrt hatte, wurde ihm von dem lutherischen Prädicanten ganz besonders verübelt. „Wie, Usingen," rief ihm Culsamer entgegen, „du wagst es, den Sohn der Sünde, wie es die römischen Bischöfe fast alle sind, zum Oberhaupte der Kirche Christi zu machen! Da könnten ja unter einem solchen Haupte auch die Teufel und die Verdammten der Kirche beigezählt werden." [2] Solchen Argumenten gegenüber hatte unser Augustiner einen leichten Stand.

Nicht zufrieden damit, die Papstpredigt anzugreifen, hatte Culsamer auch noch die Behauptungen, die er in seiner deutschen Streitschrift aufgestellt und von Usingen widerlegt worden waren, aufrecht zu erhalten gesucht. Gegen diesen Versuch richtet sich Usingens zweite und dritte Antwort [3]. Der katholische Prediger folgt dem Gegner Schritt auf Schritt und zerzaust ihm schonungslos alle seine Ausführungen. Autorität und

---

publice praedicando cum magno populi accursu et applausu in illius subversionem et exterminium" (Nr. 10, A 4 b). Einige Neugläubige behaupteten, Forchheim sei von den Katholiken vergiftet worden. Vgl. Eoban Hessus an Draco, 1528: „Quod ad veneni suspicionem attinet, quidam pertinaciter adserunt; major pars apoplexia confirmavit interiisse" (Eobani Epist. p. 86).

[1] „Exemplo Forchemii sui, nisi toti caeci essent, merito commoveri deberent. Qui cum publice de suggestu non semel, sed crebro coenobitis utriusque sexus pari infamia insultasset coram maxima etiam populi frequentia, ... facta est manus Domini super eum, quae ei interdixit tantam asserendi licentiam, quando nemo hominum eum cohibere poterat; percussit enim eum subito et liberavit innocentes ab ore malignantis impudentissimo" (Nr. 10, F 5 a). Es ist demnach nicht wahr, dass Forchheim zu den „gemässigten" Prädicanten gehört habe, wie Krause (I, 841) behauptet. [2] Nr. 12, D 3 b. [3] Schriften Nr. 11 und 12.

Unfehlbarkeit der Kirche, Rechtfertigung aus purer Gnade und Verdienstlichkeit der guten Werke, Vernunft und freier Wille, Ordensleben und kirchliche Satzungen, dies sind die Punkte, die hier mehr oder weniger ausführlich behandelt werden.

Der dritten Schrift hat der Verfasser ein besonderes Kapitel über die Ketzer beigefügt. Culsamer hatte ihn nämlich in seiner ersten Streitschrift beschuldigt, gepredigt zu haben: „Es ist öffentlich, dass man falsche Münzmacher verbrennen soll; also lehret mich auch meine Vernunft, dass man Ketzer verbrennen soll." Dies hatte nun Usingen zwar nicht behauptet; er hatte bloss auf das bestehende Recht hingewiesen, nach welchem jene, die von der Kirche als Ketzer erklärt worden, von der weltlichen Obrigkeit gleich den Falschmünzern mit dem Feuertode bestraft wurden [1]. Ueber die Rechtmässigkeit dieser Strafe hatte sich der katholische Prediger nicht näher ausgesprochen, doch erklärte er, er werde auf diesen Gegenstand zurückkommen, wenn Culsamer ihm dazu Anlass geben sollte. Da Culsamer sich mit dieser Erklärung nicht zufrieden gab und in seiner zweiten Schrift gegen die Ketzerstrafen heftig loszog, so suchte nun Usingen in aller Kürze darzuthun, dass es ganz in der Ordnung sei, wenn die verstockten Irrlehrer streng bestraft werden. „Die Falschmünzer werden zum Feuertode verurtheilt, ohne dass sich jemand darob verwundert. Warum sollten dann nicht auch die Ketzer verbrannt werden, da sie dem christlichen Gemeinwesen einen viel grössern Schaden zufügen als alle andern Fälscher?" [2]

Dass die neugläubigen Prädicanten über eine solche Forderung in Zorn geriethen, ist leicht zu begreifen. Aus naheliegenden Gründen [3] behaupteten sie damals noch, die Ketzer

---

[1] Nr. 9, D a.

[2] „Falsarii monetae comburuntur, et nemo miratur. Cur ergo haereticus comburi non deberet tanquam falsarius fidei, qui plus nocet reipublicae reliquis falsariis omnibus?" (Nr. 12, X 4 b.)

[3] „Culsamerus haereticos comburi horret, quia suae coti timet" (Nr. 12, X 6 a).

sollen unbestraft bleiben. Als sie sich aber einmal vor den Inquisitionsrichtern in voller Sicherheit fühlten, da trugen sie kein Bedenken mehr, sich aufs bestimmteste für die Ketzerstrafen auszusprechen. Luther und Melanchthon, Brenz und Rhegius, Butzer und Capito, Calvin und Beza, Zanchi, Vermigli und manche andere bekunden in ihren Schriften die grösste Unduldsamkeit[1].

Zur Zeit, wo Usingen mit der Abfassung der letzten Schrift gegen Culsamer beschäftigt war, hatte er am Kreuzerfindungsfeste (3. Mai 1524) eine Predigt gehalten, die, wie gewöhnlich, eine ganze Reihe von Gegenpredigten hervorrief. Mechler, Culsamer und Lang hatten nichts Eiligeres zu thun, als gegen den „verstockten Alten" und seine „verderbliche Lehre" auf den Kanzeln loszuziehen. Dies veranlasste Usingen, die vielgeschmähte Predigt mit einigen apologetischen Bemerkungen zu veröffentlichen[2].

Vom ersten Gegner, von dem abgefallenen Franziskaner Aegidius Mechler, waren die Ausführungen des katholischen Predigers aufs ärgste entstellt worden. Dem lutherischen Prädicanten zufolge hätte Usingen gelehrt, Christus sei nur für die Patriarchen und Propheten und die unschuldigen Kinder gestorben. Sollte die Obrigkeit eine solche Gotteslästerung ungestraft durchgehen lassen, hatte der Zelot beigefügt, so müsse das gemeine Volk selber eingreifen[3]. Der Erfurter Magistrat, der einen neuen Aufruhr verhüten wollte, liess Usingen auf das Rathaus rufen, um ihn zu fragen, ob er in der That die ihm zugeschriebene Lehre auf der Kanzel vorgetragen habe. Natürlich war es dem Augustiner ein Leichtes, unter Berufung auf die zahlreichen Zuhörer nachzuweisen, dass er einen solchen Unsinn nicht gelehrt habe[4].

---

[1] Die Belege hierfür in meinen reformationsgeschichtlichen Aufsätzen im „Katholik" (1891) I, 201 ff.; II, 44 ff.; in den „Histor.-polit. Blättern" (1891) I, 668 ff. 795 ff.; (1892) I, 817 ff.; II, 83 ff.

[2] Schriften Nr. 13. [3] Nr. 13, B 2 a.

[4] „Cui (senatui) respondi: Auditores meos, qui multi erant, audivisse quid praedicassem, a quibus discere posset mihi insignem fieri injuriam,

Man hatte ihm eben seine Worte wieder verdreht¹, was er übrigens öfters zu beklagen hatte. Schon früher war dieselbe Beschuldigung von Culsamer gegen ihn erhoben worden². „Heisst aber das", entgegnete Usingen dem Verleumder, „christlich und evangelisch mit mir handeln, wenn du mir fälschlich Ansichten zuschreibst, die ich nie gelehrt habe? Wahrlich, wenn eine solche Handlungsweise christlich zu nennen ist, so bist du der allerchristlichste und katholischste Mann, und diese Titel werden dir fürderhin viel besser anstehen als den Königen von Frankreich und Spanien." Dieselben Vorwürfe richtet er auch an Mechler. „Mein lieber Bruder," bemerkt er letzterem, „hättest du es gern, wenn dir etwas Aehnliches von mir oder einem andern zugefügt würde? Sagt dir nun aber nicht die Schrift und das Naturgesetz, dass du dem Nächsten nicht thun sollst, was du nicht willst, dass dir von andern widerfahre? Du rühmest dich, das Evangelium zu predigen. Bist du aber nicht verpflichtet, bevor du als evangelischer Prediger auftreten willst, zuerst dein eigenes Leben nach dem Evangelium einzurichten?"³

---

me quoque frustra studuisse litteris sacris, si tantam praedicassem fatuitatem" (Ibidem).

¹ Aehnliche Entstellungen mussten sich damals die katholischen Prediger oft gefallen lassen. So wurde auch um dieselbe Zeit zu Nürnberg der Franziskaner Jeremias Mislich beschuldigt, gepredigt zu haben: Christus habe nur für die Erbsünde genuggethan und nur für die vor seinem Leiden begangenen wirklichen Sünden gelitten. Diese offenkundige Verleumdung wird heute noch von protestantischen Schriftstellern gläubig angenommen. Vgl. Fr. Roth, Die Einführung der Reformation in Nürnberg (1885) S. 127. In seinen Predigten, die sich handschriftlich auf der Münchener Staatsbibliothek vorfinden (Clm. 9055. 9056. 9057), lehrt Mislich wiederholt das Gegentheil. Clm. 9057 (f. 69 sqq.) enthält eine ganze Reihe von Fastenpredigten über die Erlösung durch Christus.

² Conatur (Culsamerus) populo obtrudere, quasi dixerim non adultis, sed solis infantes esse redemptos et illis solis Christum meruisse coelum, ac si adulti redemptione non egeant" (Nr. 11, D 2 b).

³ Nr. 15, D 2 b.

Noch schwerer war Usingen anlässlich der Kreuzpredigt von Culsamer verunglimpft worden. „Einen höchst schändlichen Taugenichts" hatte ihn dieser gescholten, „einen Menschen, der zur Schmach Christi um Geld die Unzucht in Schutz nehme"[1].

Empfindlicher als alle diese Schmähungen waren für Usingen die Unbilden, die ihm von Lang zugefügt wurden. Wie es scheint, war früher dieser Lang Usingens Lieblingsschüler gewesen. Der greise Augustiner beklagte denn auch aufs tiefste den Abfall des talentvollen Ordensgenossen[2]. Letzterer hatte sich von seiten seines alten Lehrers stets des grössten Wohlwollens zu erfreuen gehabt. Nachdem Lang im Jahre 1511, wie wir oben gesehen haben, aus dem Erfurter Kloster verstossen worden, da war es Usingen gewesen, der sich alle Mühe gegeben hatte, dem ausgewiesenen Ordensbruder die Erlaubniss zu erwirken, wieder nach Erfurt zurückkehren zu dürfen[3]. Als dann bald nachher, im Jahre 1519, Lang zum Doctor der Theologie promovirte, da war es wieder Usingen, der die beträchtlichen Promotionskosten aus dem Honorar seiner Vorlesungen bestreiten wollte[4]. Und jetzt wurde der greise Lehrer von seinem frühern Schüler ein „Sophist" gescholten, den die Philosophie verblendet habe, ein „räudiger Altor, den man mit eiserner Ruthe zur Stadt hinauspeitschen sollte"[5].

---

[1] „Sic populum de me alloquebatur: Nihil, o mi charissimi, curate; nam quia Del sanctos omnes hactenus conspurcavit nebulo ille turpissimus, nunc tandem Christum ipsum pudefacere conatur ob fornicariorum defensionem, idque lucri gratia" (D 2 b).

[2] „Heu, mi frater, ad quid venisti? Novi ingenium tuum nobile et doleo exponi tantae mali genii tui vexae. Redi ad te ipsum, mi frater, ne tempus poenitentiae quaeras et invenire non possis" (Nr. 16, J 4 b).

[3] Vgl. oben S. 16.

[4] „Nonne quas ego olim in nostro Gymnasio diris merui laboribus pro tua reductione et promotione, me volente et ordinante, sunt expositae?" (Nr. 13, D s.) Warum Langs Rückkehr mit Unkosten verbunden war, kann ich nicht recht einsehen; wahrscheinlich hatte das Wittenberger Kloster eine Entschädigungssumme verlangt.

[5] „Scabiosus senex, dignissimus qui virga ferrea urbe pellatur, quod

Man kann sich leicht denken, wie schmerzlich solche Unbilden den greisen Prediger berühren mussten. „Dies ist also der Dank für alles, was ich für dich gethan," klagt er, sich an Lang wendend, „dass du mich einen räudigen Alten schiltst und mich aus dieser Stadt vertreiben möchtest. Doch so bald wird es dir nicht gelingen, mich von hier zu entfernen, wo ich dir und deiner treulosen Partei Widerstand leiste; denn es sind noch manche katholische Männer hier, die ein wachsames Auge auf mich haben und mich vertheidigen werden, vom Magistrate, der mich in seinen besondern Schutz genommen, gar nicht zu reden. Glaube also nur nicht, dass es euch gestattet sein werde, nach Belieben eure Wuth gegen mich auszulassen."[1]

Nicht bloss gegen Usingen, auch gegen das gesamte Augustinerkloster hatte Lang seinen Hass an den Tag gelegt. Um diese Zeit war ein Mönch eingetroffen, der aus einem andern Convent, in welchem die lutherische Partei die Oberhand hatte, geflohen war und der nun gemeinschaftlich mit Usingen in Erfurt als katholischer Prediger auftrat. Dies nahm Lang zum Anlass, den Magistrat aufzufordern, den Klöstern nicht zu gestatten, fremde Mönche aufzunehmen; besonders solle man die ausgelaufenen Ordensbrüder abweisen, die wieder in ihre frühere „Mistgrube" (sterquilinium) zurückkehren wollen[2].

---

haud dubie, si non hic, tamen alibi fiet, puta in orco" (Nr. 18, C 3 a). Bezüglich der „scabies" erwidert Usingen in seiner schlichten Weise: „Objicis mihi scabiem, cui in toto corpore nullus est naevus! Eram valetudinarius ad annos multos, nunc Dei beneficio et sanctorum ejus intercessione quorum honorem contra te et tuos tutatus sum et quotidie tueor, ex ame restitutus sum et vegetior sexagenarius, quam eram quadragenarius, factus sum" (C 3 b).

[1] Nr. 18, C 3 b, D a.

[2] Nr. 18, C a. Derselbe abgefallene Augustiner, der hier die Klöster als „Mistgruben" bezeichnet, hatte ein kurz vorher „freie Raubschlösser" gescholten (Von gehorsam der Weltlichen oberkait und den ausgegangen klosterleuten, ain schutzred an Doctor Andreas Frowin. Doctor Johannis Langen, Ecclesiastes zu Erdfurt. 1523. C 2 a).

„Da sieht man", entgegnete Usingen, „wie wahr das Sprichwort ist: Ein jeder Apostat ist ein Verfolger seines Ordens. Du bist jedoch noch schlimmer als ein Apostat, da du den Orden, der dich viele Jahre unterhalten hat, nicht nur verfolgest, sondern gänzlich vernichten möchtest. Wer sieht nicht, dass du hiermit nur deinen Abfall zu beschönigen[1] und den Tyrannen einen Gefallen zu erweisen suchest? Mein lieber Bruder, unter dem Scheine des Evangeliums, das du im Munde führest, verfolgst du uns gegen das Evangelium und gegen Christus, der zu seinen Jüngern gesagt: Lasset die Kleinen zu mir kommen und wehret es ihnen nicht. Gehören aber zu diesen Kleinen nicht auch jene, die an Christus glauben und sich gänzlich ihm hingeben wollen? Willst du dieselben verhindern, sich Christo anzuschliessen, damit sie ihm Tag und Nacht ruhiger und ungehinderter dienen, was im Kloster viel leichter geschehen kann als draussen in der Welt, die im Argen liegt? Früher, als du noch unser Prior warst, hast du oft den Orden höchlichst gerühmt und uns ermahnt, unserer Ordensprofess eingedenk zu sein. Wie hast du nun dies alles vergessen! Den heiligen Orden, den du ehemals so oft gelobt und anempfohlen[2], nennst du jetzt eine Mistgrube! Gibst du hiermit nicht klar zu erkennen, dass du früher ein Heuchler gewesen?"[3]

Mechler, der mit der ihm zu theil gewordenen Abfertigung nicht zufrieden war, veröffentlichte nun gegen Usingen eine deutsche Streitschrift[4], worin er den Gegner, nach

---

[1] Anderswo sagt Usingen von den ausgelaufenen Mönchen, sie wüthen gegen die treugebliebenen Ordensbrüder, „putantes illorum constantiam et probitatem suam esse ignominiam; vellent propterea et ad hoc non pigro molinuntur omnia coenobia evacuari et neminem amplius intrare" (Nr. 14, E b).

[2] Vgl. Nr. 12, C 3 a: „Ego saepe ab eo (Lang) audieram ordinis commendationem... Qui si tibi aliter loquitur, ipse non dulcibus sermonibus misere seduxit, qui et in saeculum reverteas, nunc ventri deo suo servit." [3] Nr. 18, C b.

[4] Eyn wyderlegung Egidii Mechlers, pfarrers zu Erffort, zu Sanct Bartholomeus, betreffende etzlyche yrrige punct, geschriben und gepre-

Luthers Beispiel, „Unsingen" betitelt. Doch die Antwort liess nicht lange auf sich warten[1]. Schade nur, dass der katholische Kämpe nicht auch der deutschen Sprache sich bediente. Er verschmähte es, das Volk durch eine populäre Darstellung an sich zu ziehen. „Der Beifall eines einzigen Gelehrten", sagte er, „ist mir lieber als das Zujauchzen der unwissenden Menge."[2] Dadurch verzichtete er aber auch auf eine Waffe, welche die Gegner wohl zu schätzen wussten. So hatte derselbe Mechler 1524 gegen die Verdienstlichkeit der guten Werke eine andere Schrift ausgehen lassen[3], welcher Usingen ebenfalls eine eingehende Widerlegung widmete[4].

Zugleich begegnete er einer Predigt, die Culsamer kurz vorher, am 16. Juni 1524, gegen den Clerus gehalten hatte, um das Volk aufzufordern, Pfaffen und Mönche aus der Stadt zu jagen. Bei dieser Gelegenheit hatte der lutherische Prädicant wieder kräftig gegen den Augustiner losgezogen. Das Volk, hatte er gesagt, möge doch dem „kindischen Alten", der das Wort Gottes verunehre, kein Gehör schenken. Usingen sei ein Freund und Vertheidiger der Hurer, der Ehebrecher und Wucherer[5]. Wie alle andern katholischen Pre-

---

diget durch Bartholomeum Usingen Augustinianern. Und sonderlich inn der Sermon Von dem heyligen Creutz, gethan zu Erffort in d' sufftkirchen Unser lyeben Frawen. 1524.

[1] Schriften Nr. 14.

[2] „Pluris facio unius eruditi quam stolidae plebeculae suffragium" (Nr. 14, A 8 b).

[3] Eyn christliche unterrichtung. Von gutten wercken. Mit synem nachfolgende Sermon über das Evangelium Luc. 6 des vierden Sunntags nach Pfingsten. Gepredigt durch Aegidium Mecheler, Pfarrern zu Erffort. 1524.

[4] Schriften Nr. 15.

[5] „Cum fornicariis, adulteris, scortatoribus, usurariis et id genus aliis, non tantum cibum capit nec solum familiaritatem habet, verum etiam in coelum usque illos tollit, immo defendit" (Nr. 15, H a). Solcher Verleumdung gegenüber konnte der katholische Prediger erklären: „Crebro pro suggesto exposueram, quantum sit malum fornicationis vitium, et maxime in sacerdotibus" (Nr. 15, II b).

diger, würde auch er nicht das Heil der Seelen, sondern nur
Geld und Gut suchen. Ganz anders die evangelischen Prediger! Die bekümmerten sich nicht um zeitliche Güter; die
hätten nur die Ehre Gottes und das Wohl der Menschen im
Auge [1].

Hierauf erwiderte Usingen mit Bezugnahme auf Lang,
der Anfang 1524 zum zweiten Male schon sich verheiratet
hatte: „Das ist in der That sehr schön von euch, dass ihr
nicht nach zeitlichen Gütern strebet. Ein herrliches Beispiel
dieser Vollkommenheit gab letzthin einer der Deinigen, indem
er eine sehr reiche alte Frau heiratete. Was meinst du wohl,
dass dieser Mann gesucht habe?" [2]

Auch gegen die gesamte katholische Geistlichkeit der
Stadt, zu deren Vertreibung er den Magistrat aufforderte,
hatte sich der Zelot die heftigsten Ausdrücke erlaubt [3]. Seinen
masslosen Verleumdungen gegenüber konnte Usingen, der doch
die Missbräuche so scharf zu tadeln wusste, auf die vielen
weltlichen Geistlichen und die zahlreichen Ordenspersonen
hinweisen, die zu Erfurt in den Stiften, Pfarreien und Klöstern ein unbescholtenes Leben führten [4]. Wohl hatte Culsamer den Mönchen vorgeworfen, dass sie in ihren Klöstern
unthätig dahinlebten, ohne der Menschheit auch nur den ge-

---

[1] „Nos bona terrena non curamus" (H 4 a).

[2] „Certe hujus perfectionis exemplum egregium hoc anno dedit unus
tuorum, quando duxit uxorem opulentissimam, sterilem et vetulam. Et
quid is tibi quaesivisse videtur, an pulpamentum et arvinam, an potius
ut crescat, multiplicetur et repleat terram?" (H 4 a.)

[3] „Vestrum erit nebulones istos verbi Dei osores urbe vestra depellere. Nihil enim faciunt quam quod sudores vestros exugunt, uxores
quoque vestras, filias et ancillas stuprant et devirginant, prurienterque
atque invidiose in coenobiis litigant ac in diem absque commodo proximi
vivunt" (J a).

[4] „Ecce quot sunt honesti viri sacerdotes per ambo hujus oppidi
collegia ecclesiastica, quot denique per parochias et coenobia, quos nebulones isti pessimi pessime diffamant, ungeachtsims conspurcant. Taceo
virgines vestales quas moniales vocamus, quae omnes virulentiae et petulantiae consursaeque linguarum istorum subjici cernantur" (J b).

ringsten Dienst zu leisten. „Würdest du aber nur ein Jahr hindurch", ruft ihm Usingen entgegen, „unsern klösterlichen Müssiggang verkosten! Du würdest dann besser als jetzt beurtheilen können, ob wir dem Müssiggange fröhnen. Dem Nächsten dienen wir Tag und Nacht durch die Gebete, welche wir im Namen der ganzen Kirche verrichten. Zudem predigen wir das Wort Gottes, und was uns für unsere seelsorgerlichen Arbeiten gespendet wird, das theilen wir freigebig mit den Armen, die hier in Erfurt vor Hunger sterben würden, wenn sie bei den Geistlichen keine Unterstützung fänden."[1]

Das immer ungestümere Auftreten der Prädicanten bewog Usingen, Anfang 1525 eine Schrift gegen die „falschen Propheten" ausgehen zu lassen[2]. Wie eindringlich mahnt er da das christliche Volk, den Verführern kein Gehör zu schenken! Leider musste er sich gestehen, dass die grosse Menge nur allzu gern den Neuerern sich anschliesse. Die Lehre, dass der Glaube allein selig mache, dass wir, um in den Himmel zu kommen, der eigenen Werke nicht bedürfen; die Lehre, dass es unmöglich sei, die Gebote zu halten, dass Beicht und Fasten nicht nothwendig seien: solche Lehren, klagt unser Prediger, werden vom gemeinen Manne gern vernommen; daher der Zulauf, dessen sich die Neuerer erfreuen[3]. „Alle

---

[1] Nr. 15, J 2 b. Vgl. Nr. 12, F 2: „Quod de otio, de divitiis et aliis id genus dicis, respondeo tibi me otium in meo coenobio non videre, in quo cuique fratrum suum est negotium, in quo si stare voluissem nostri exitii quindecim numero, nobiscum forsan mansissent; nec divitias et omnium abundantiam voluptariam, cum vix de manu in os habeamus." Aus dieser Stelle geht hervor, dass Usingen nicht allein im Kloster zurückblieb, wie vielfach behauptet wird.

[2] Schriften Nr. 16.

[3] „Praedicatur jam populo confessionem sacramentalem non esse necessariam, sed solam fidem sufficere ad justificationem, qua nude adhaeretur Christo qui omnia fecit et implevit pro nobis et coelum nobis meruit ad quod ingrediendum non sit opus nobis bonis operibus. Quae miro modo libenter audit populus carnalis" (Nr. 16, C 3 b). Vgl. C 2 b: „Quae placent rudi populo qui carnalitatem diligens tales quaerit sibi magistros." Anderswo sagt er bezüglich der Lehre von der

jene," hatte er schon früher erklärt, „die ein zügelloses Leben führen wollen, schliessen sich der evangelischen Kirche an."[1]

Nebst der „fleischlichen Freiheit" sei es besonders das Verlangen nach den Kirchengütern, das manche der Neuerung zuführe. Die Aussicht, dem Clerus keine Zinsen mehr zahlen zu müssen, Gotteshäuser und Klöster plündern zu dürfen und die liegenden Güter der Kirche in Besitz nehmen zu können, dies sei es, was so viele vom alten Glauben abwendig mache[2]. Dazu komme dann noch, dass die Neuerer die Kirche gänzlich der weltlichen Obrigkeit unterstellen, infolgedessen Fürsten und städtische Behörden nur allzusehr geneigt seien, die neue Lehre zu schützen und zu fördern[3].

Und inmitten dieser grossen Gefahr schlafen manche Hirten der Kirche und widersetzen sich nicht den falschen

---

Rechtfertigung allein durch den Glauben: „Haec est illa doctrina quae placet populo" (Nr. 18, D 2 b. Vgl. B b; Nr. 12, E a).

[1] „Quam (ecclesiam evangelicam) amplectuntur omnes qui laxato freno malunt vivere quam sub obedientia Ecclesiae catholicae" (Nr. 12, G 2 b).

[2] „Tales magistros jam pridem leviculi homines libenter habuissent, qui sibi placentia dicerent et libertatem carnis praedicarent... Ad haec fax populi aures accommodat, haec illi sunt evangelica dicta et paulina praecepta, per quae sibi vult fas esse invadere sacerdotes, excucullare monachos, nuptui tradere moniales, expilare templa, evertere monasteria, occupare possessiones, census et omnia Ecclesiae praedia. Nemo propterea mirari habet iam dulciter illi sonare vestra dogmata" (Nr. 14, N 8). „Temporali commodo illecti desolascunt ab unitate Ecclesiae, inhiando clericorum et monachorum possessionibus, ut jam est passim videre in multis nobilibus et popularibus" (Nr. 12, U 8 b).

[3] Zuerst hätten die Neuerer auch die weltliche Obrigkeit angegriffen. „At lutherani videntes secularem potestatem nec posse nec velle in hac parte sua ferre commenta, verterunt se ad abjectionem solius superioritatis spiritualis, subjiciendo spirituales potestati seculari; in quo mirum in modum nonnullis secularibus dominis placuerunt et hodie placent, qui eos ob rem illam magnificant, fovent et tuentur" (Nr. 23, F 2 b). Vgl. O 2 b: „Lutherus quamlibet superioritatem et potestatem humanam abjicit in christianitate et annullat, ut ex multis locis sacrum scripturam liquet, etsi postea pallium verterit in applausum potestatis secularis."

Propheten[1]. Es gebe wohl einige gutgesinnte Männer und
treffliche Prälaten, die nach Kräften ihrer Pflicht nachzu-
kommen suchen; andere aber, die manches thun könnten,
leben dahin, als wenn die Sache sie nichts anginge, und inzwischen gehen die Schafe Christi zu Grunde und erleidet die
Kirche Verluste, die nie wieder ersetzt werden können[2].

Mag aber auch unser Prediger noch so oft über die trau-
rigen Verhältnisse Klage führen, nie lässt er den Muth sinken;
noch weniger denkt er daran, vor dem Feinde das Feld zu
räumen. Zu Anfang des Jahres 1525 hatte Lang anlässlich
der Verheiratung Culsamers eine Predigt gehalten gegen den
Priestercölibat. Sofort liess ihm Usingen eine Antwort zu theil
werden, die an Schlagfertigkeit nichts zu wünschen übrig
lässt. Lang hatte unter anderem behauptet, das Gelübde der
Keuschheit sei etwas Thörichtes, da wir es nicht halten können,
ebensowenig als es in unserer Macht stehe, mit der Hand den
Himmel zu berühren[3]. Schon früher hatte er in einer Schrift
erklärt: „Wenn ich gelobe, dass ich mit einem Finger den
Himmel anrühren will, so thue ich gar närrisch, denn ich
vermag es nicht. Wenn ich Keuschheit gelobe, so thue ich
noch närrischer; denn es ist nicht in meiner Gewalt, dass ich
keusch lebe."[4]

„Ich frage dich aber," erwiderte Usingen dem beweibten
Apostaten, „ist es dir möglich gewesen, fünfzehn Jahre hindurch im Kloster ein enthaltsames Leben zu führen, warum
ist dir dies nun auf einmal unmöglich geworden? Wohl nur
durch deine eigene Schuld[5]. Dieselbe Einwendung könnte
man übrigens ja auch gegen die Möglichkeit der ehelichen

---

[1] Usingen beklagte sich auch mehrmals über die Saumseligkeit der
vier grossen Mendicantenorden; doch fügt er hinzu: „Credo tamen non
omnes ubique silere, sed multos pro tuitione Ecclesiae sudare"
(Nr. 9, B 2 a). [2] Nr. 16, A 4 a.
[3] „Stultum est votum, imo impossibile, ut coelum digito tangere"
(Nr. 16, H a).
[4] Von gehorsam der Weltlichen oberkait und den aussgangen klosterleuten etc. D b. [5] Nr. 16, H b.

Treue machen. Du gibst ja selbst zu, dass die Eheleute ein schweres Kreuz auf sich nehmen. Nur sollen sie, meinst du, eifrig zu Gott beten, dann werde ihnen die nothwendige Standesgnade schon verliehen werden. Sehr richtig! Wenn du nun aber in deinem vermeintlichen Ehestande Gottes Hilfe anrufest, warum hast du früher in deinem ehelosen Stande nicht auch um die Gabe der Keuschheit bei Gott angehalten? Sieh, wie du dich selber zu Schanden machest!"[1]

So fuhr der unermüdliche Streiter fort, schriftlich und mündlich die Neueruug zu bekämpfen. Im Januar 1525 hatten Mechler und Lang eine theologische Disputation ausgeschrieben, zu der sie die katholische Geistlichkeit einluden. Am bestimmten Tage begab sich Usingen an den bezeichneten Ort, nicht um zu disputiren, sondern nur um seine Bemerkungen gegen die aufgestellten Thesen schriftlich abzugeben. Der Saal war wohl von zahlreichen Neugierigen, auch von vielen Bauern der Umgegend angefüllt; doch liess sich von den lutherischen Predigern kein einziger sehen. Der Magistrat, der Unordnungen befürchtete, hatte ihnen nämlich verboten, die angekündigte Disputation abzuhalten. Nun liess Usingen seine Gegenthesen Mechler zustellen. Dieser antwortete ihm jedoch am 21. Januar: Er wolle mit ihm als mit einem verstockten Ketzer nichts zu schaffen haben; da Usingen sich nicht bekehren wolle, so bleibe den Dienern des Evangeliums nichts übrig, als den Hochmuthsteufel, der in seinem Busen sitze, mit Verachtung zu strafen.

„Eine wunderliche Antwort!" bemerkte Usingen. „Zuerst lud man mich zur Disputation ein, und jetzt, wo ich die Einladung angenommen, heisst es, man könne mir nur mit Verachtung begegnen, als ob damit meine Argumente widerlegt wären." Das Ungehörige einer solchen Handlungsweise scheint Mechler selber eingesehen zu haben; denn am 24. Januar liess er ein offenes Schreiben gegen Usingen ausgehen.

Alles dies berichtet ausführlich der Augustiner in einer Schrift, die, obschon 1525 in Erfurt verfasst, doch erst 1527

---

[1] Nr. 16, K 4 a.

zu Bamberg veröffentlicht wurde¹. Ein neuer Aufruhr, schrecklicher als alle frühern, hatte inzwischen dem katholischen Gottesdienste in Erfurt ein jähes Ende bereitet und den unerschrockenen Augustiner selber aus seinem Kloster vertrieben.

Bevor wir demselben in seinen neuen Wirkungskreis folgen, wollen wir noch einen Blick auf die Erfurter Schriften zurückwerfen, um die Ansichten ihres Verfassers über einige wichtige Punkte näher kennen zu lernen.

Fünftes Kapitel.
Die Lehre von der Rechtfertigung.

Der so wichtigen Frage von der Rechtfertigung und den guten Werken hat Usingen ein eigenes Schriftchen gewidmet, das er bald nach seinem Abgange von Erfurt erscheinen liess². Aber schon in den Erfurter Streitschriften hatte er dieselbe Frage sehr oft besprochen, und zwar mit grosser Schärfe und Klarheit. Gerade die Ausführungen über einen Lehrpunkt, der damals so heftig bestritten wurde, zeigen uns, dass die scholastisch gebildeten Theologen den neuen Behauptungen nicht rathlos gegenüberstanden. Gleich am Anfange der religiösen Wirren wurde die Lehre von der Rechtfertigung von Usingen in derselben Fassung und mit denselben Worten vorgetragen, wie dies später auf dem Concil von Trient geschah.

Bekanntlich nahm Luther eine zugerechnete Gerechtigkeit an, eine Gerechtigkeit, die ausser uns wäre. Ganz anders sein früherer Lehrer. Die Rechtfertigung fasst Usingen auf nicht als eine **Gerechterklärung**, sondern als eine **innere Gerechtmachung**. Dieselbe geschieht durch die **rechtfertigende und heiligmachende Gnade**, wodurch der Mensch von den Sünden gereinigt und in die Kindschaft Gottes aufgenommen wird³. Nicht durch den Glauben

---
[1] Schriften Nr. 18. [2] Schriften Nr. 17.
[3] „Justificatio fit formaliter et interne per gratiam justificantem qua Deus remittit homini peccata et recipit eum in amicum" (Nr. 9, C 3 b). „Gratia gratificans justificat et sanctificat formaliter, h. e. immediate,

also, sondern durch die heiligmachende Gnade wird der Mensch unmittelbar gerechtfertigt[1]. Diese Gnade ist die Formalursache unserer Rechtfertigung, während Gott die bewirkende Ursache ist[2]; denn er allein ist es, der die Gnade, die uns Christus verdient hat[3], in die Seele eingiesst[4].

Diese innere Rechtfertigung, die durch die heiligmachende Gnade geschieht, ist ein **unverdientes Geschenk der göttlichen Barmherzigkeit**; Gott erlässt uns die Sünden nicht um unserer Werke willen, sondern aus purer Gnade, um der Verdienste Christi willen[5]. Wohl sagen die Gegner, wir würden die Rechtfertigung den guten Werken zuschreiben[6].

---

quoniam illa mediante Deus sanctificat auferendo peccatum et recipiendo in amicitiam" (Nr. 17, A 2 b).

[1] „Sola gratia gratum faciens justificat formaliter, eo quod per illam remittitur peccatum et filius irae per naturam recipitur in amicum Dei et filium adoptionis, quae gratia non est fides, sed donum Dei realiter distinctum a fide" (Nr. 15, C 6 a).

[2] „Soli charitati infusae quae est gratia gratum faciens et justificans convenit justificatio formaliter, Deo autem effective et principaliter" (Nr. 15, C 6 a).

[3] „Sua passione nos redemit Christus et illam gratiam nobis meruit qua justificat credentes in ipsum" (Nr. 15, C 6 b).

[4] „Hanc impii justificationem solus Deus operatur, qui creat gratiam in anima" (Nr. 8, C 2 b). Hiermit vgl. Trident. Sess. VI., cap. VII.: „Justificatio non est sola peccatorum remissio, sed et sanctificatio et renovatio interioris hominis... Hujus justificationis causae sunt:... efficiens, misericors Deus, qui gratuito abluit et sanctificat, ... meritoria, ... Jesus Christus, ... unica formalis causa est justitia Dei, non qua ipse justus est, sed qua nos justos facit."

[5] „Quia putas me dicere et credere hominem suis operibus justificari ultra meritum Christi, audias quaeso, quanto errore tenearis; quoniam justificatio impii est per solam gratiam quam nobis Christus sua passione meruit, et per nullum opus nostrum... Ex quo satis liquet meritum operum nostrorum nihil facere ad justificationem hominis quae est per solam Dei gratiam" (Nr. 14, C 6 b).

[6] Mechler, Eyn christliche Unterrichtung. Von gutten wercken. A 2 b: „Die verkehrten Christen stellen auf ihre Werke Vertrauung der Rechtfertigung." Auch in der Augsburger Confession (Art. 20) behauptete später Melanchthon, die Gegner lehrten, man müsse die Verzeihung der Sünden mit Werken verdienen.

Dies ist jedoch eine Verleumdung. „Niemand legt den guten Werken eine rechtfertigende Kraft bei."[1]

Wahr ist es, der Sünder muss sich mit dem Beistande Gottes auf die Gnade der Rechtfertigung vorbereiten; denn, wie Sanct Augustinus lehrt, Gott, der uns erschaffen hat ohne uns, will uns nicht rechtfertigen ohne uns[2]. Der Mensch, als freies Wesen, muss dem sanften Zuge der zuvorkommenden Gnade Gottes frei und willig folgen[3]; denn der freie Wille ist wohl durch die Erbsünde geschwächt, aber keineswegs vernichtet worden[4], wie die Neuerer im Gegensatze zur Heiligen Schrift fälschlich lehren. Dieser Wille muss sich nun im Werke der Wiedergeburt bethätigen, da Gott seine Gaben niemand aufzwingen will[5]; er hat uns vielmehr die Fähigkeit gegeben, die angebotene Gnade frei zu benutzen oder dieselbe frei abzuweisen[6]. Daher müssen beide Thätigkeiten, die göttliche und die menschliche, im heiligen Werke der Rechtfertigung zusammenwirken, wenn dasselbe gelingen soll. Gottes Kraft geht anregend, erweckend und belebend voran, aber der Mensch muss mit Freiheit folgen. Auf diese Weise ist es zu verstehen, wenn gesagt wird, dass der Sünder auf seine Rechtfertigung sich vorzubereiten habe[7].

---

[1] „Nemo vim justificationis bonis operibus tribuit" (Nr. 14, C 4 b). „Non dicimus nos justificationem eam ex operibus nostris utcunque bonis" (Nr. 16, B 4 b).

[2] „Quam gratiam dat citra omne meritum, quamvis peccator se ad illam disponere habet per Dei auxilium" (Nr. 9, C 2 b).

[3] Nr. 9, C 4 b.

[4] „Libertas non ablata est per peccatum, sed debilitata" (Nr. 12, Q 4 a).

[5] „Deus nihil facit contra libertatem hominis... Hoc autem dat gratiam sanctificantem qui se ad illam disponit, quoniam illi ordinavit se daturum; qui autem non disponit se ad eam, huic etiam non dat eam" (Nr. 12, R b).

[6] „Homo est liber ad utendum illa gratia vel ad agendum contra ejus inclinationem" (Nr. 12, Q 4 b). Vgl. R 2 b: „Christus relinquit nobis libertatem, an uti velimus auxilio ejus necne."

[7] Nr. 17, C 2 a. Vgl. hierzu Trident. Sess. VI, cap. 5: De necessitate praeparationis ad justificationem in adultis et unde sit.

Fünftes Kapitel.

Die Neuerer läugneten die Nothwendigkeit einer solchen Vorbereitung, nicht nur weil sie die sittliche Freiheit verwarfen, sondern auch weil sie meinten, die Rechtfertigung könne dann nicht mehr als unverdientes Geschenk der göttlichen Barmherzigkeit angesehen werden. Dem gegenüber bemerkt treffend unser Augustiner: wie sorgfältig auch der Mensch auf die Gnade der Rechtfertigung sich vorbereite, so bleibe doch der gnadenvolle Charakter der innern Wiedergeburt vollkommen unversehrt[1]. Durch die vorbereitende Thätigkeit wird ja die Rechtfertigung keineswegs verdient; denn dies ist eben der wesentliche Unterschied zwischen den Werken, die vor der Rechtfertigung geschehen, und jenen, die ihr folgen: durch letztere kann der Mensch die Vermehrung der Gnade und den Himmel verdienen, den erstern aber fehlt dieser verdienstliche Charakter[2].

Zudem kann die erwähnte Vorbereitung nur mit Hilfe der göttlichen Gnade vollzogen werden. Gott ist es, der die vorbereitende Thätigkeit anregt und dieselbe vollbringen hilft, wenngleich der Mensch mit der göttlichen Gnade frei mitzuwirken hat[3].

---

[1] „Quantumvis homo disposuerit se ad gratiam, adhuc gratis dari dicitur illa et pro nihilo, alias non esset gratia. Cujus ratio est, quia nullam temporale de condigno meretur eam, vult tamen Deus ut homo faciat quod in se est pro dispositione ad illam" (Nr. 17, C 4 a).

[2] „Justificationem impii dicimus esse per gratiam Dei, quam mereri non possumus, sed ipsa habita meramur ex ea. Christus autem meruit nobis illam sua passione et dat nobis eam, dum fide accedimus ad eum" (Nr. 15, D 8 b). „Non cadit gratia illa justificans sub merito nostro, sed sub merito Christi, qui sua passione nobis meruit illam apud Deum" (Nr. 21, A 5 b). Vgl. Trident. Sess. VI, cap. 8: „Gratis justificari dicimur, quia nihil eorum quae justificationem praecedunt, sive fides, sive opera, ipsam justificationis gratiam promereretur."

[3] „Deus haec omnia facit per spirituale adjutorium, quo praevenit hominem et juvat eum se disponere ad suam gratiam. Dominus stat ad ostium et pulsat, scilicet per spirituale adjutorium et monitorium, cui si quis aperuerit per poenitentiam, intrat per gratiam; quoniam liber est homo an pulsanti aperire velit necne, quantumvis etiam moveatur ab illo" (Nr. 17, C 4 b). Kolde (Luther I, 58) behauptet, es sei „kirch-

Die Lehre von der Rechtfertigung.

Bei dieser mitwirkenden Thätigkeit nimmt der Glaube an Christus die erste Stelle ein. „Der Glaube", so lehrt der katholische Prediger, „ist die Grundlage aller übernatürlichen Güter und der Anfang des menschlichen Heils¹. Ohne diesen Glauben kann kein erwachsener Mensch gerechtfertigt werden².

---

liche Lehre", „dass Gott zwar die Gnade verleihe, der Mensch aber vermöge seiner natürlichen Kräfte sich ihrer würdig machen könne und solle". Dies ist keineswegs kirchliche Lehre. Vgl. Trident. Sess. VI, cap. 6. Kirchliche Lehre ist, dass der Mensch mit der wirklichen Gnade auf die heiligmachende Gnade sich vorbereiten könne und solle. Ein anderer Erlanger Theologe (Plitt S. 67) bezeichnet ebenfalls als „kirchliche Heilslehre" beim ausgehenden Mittelalter „den herrschend gewordenen und von den Theologen vertheidigten Semipelagianismus". Was man aber protestantischerseits unter Semipelagianismus versteht, erfahren wir von P. Tschackert, der in seinem Artikel über Gabriel Biel (Real-Encykl. II, 459) von diesem katholischen Theologen behauptet: „Sein offenbarer Semipelagianismus zeigt sich in dem Satze: Actus meritorius ex duobus dependet, ex nostro arbitrio libero et ex gratia." Demselben protestantischen Polemiker zufolge hätte Biel „die Lehre von den Verdiensten auf die Spitze getrieben durch die Behauptung der Nothwendigkeit derselben zur Erlangung der Sündenvergebung und der eingegossenen Gnade, so dass also Christi Verdienst nicht mehr als zureichende Ursache derselben anzusehen sei". Um diese Anklage zu beweisen, führt Tschackert aus Biel folgenden Satz an: „Statuit Deus, ut omni ad se convertenti et quod in se est facienti peccata remitteret et simul adjutricem gratiam infunderet." Ganz dasselbe lehrt Usingen mit allen katholischen Theologen, und dennoch läugnen alle, dass der Mensch die Sündenvergebung verdienen könne. Auch im Buche der Nachfolge Christi (lib. IV., cap. 7) heisst es: „Si fecerit homo quod in se est et vere poenituerit . . . peccatorum ejus non recordabor amplius, sed cuncta sibi indulta erunt." Hat vielleicht der fromme Verfasser dieses Buches, das in protestantischen Kreisen nicht unbekannt ist, die Lehre von den Verdiensten ebenfalls auf die Spitze getrieben?

¹ „Fides omnium bonorum fundamentum est et humanae saluti initium" (Nr. 17², C 6 b). Vgl. Trident. Sess. VI, cap. 8: „Fides est humanae salutis initium, fundamentum et radix omnis justificationis."

² „Sine hoc credere impossibile est adultum rationis usum habentem placere Deo . . . Nec salvus factus est quisquam nec salvabitur unquam sine fide in Christum" (Nr. 17, E 2 a).

Der Glaube ist daher eine unumgänglich nothwendige Vorbedingung zur Rechtfertigung."[1]

Was versteht aber unser Prediger unter Glauben? Die Neuerer verstanden darunter das Vertrauen auf die göttliche Barmherzigkeit, den sogenannten Vertrauensglauben. Eine ganz falsche Auffassung, nach Usingen; denn das Vertrauen gehöre zur Hoffnung, nicht zum Glauben[2]. Der Glaube ist vielmehr ein Fürwahrhalten der von Gott geoffenbarten Wahrheiten[3]. Dies gläubige Fürwahrhalten, das unter dem Einflusse der göttlichen Gnade zu stande kommt[4], ist nun zwar nothwendig zur Rechtfertigung, doch genügt es nicht[5], ebensowenig als der Vertrauensglaube der Neuerer[6]. Soll die Rechtfertigung eintreten, so muss sich mit dem gläubigen Fürwahrhalten und mit dem Vertrauen auf Gottes Barmherzigkeit auch noch die Liebe verbinden und Reue und Schmerz über die begangenen Sünden[7]; mit andern Worten: nur durch den lebendigen Glauben, durch den Glauben, der sich in der Liebe bethätigt, wird der Mensch gerechtfertigt[8]. Wo dieser lebendige Glaube an Christus, diese gänzliche Hingabe an

---

[1] „Fides necessaria est justificando, cum sine fide impossibile sit placere Deo, qua et acceditur ad Deum. Quare fides dispositio est necessario praevia justificatione quae fit per gratiam" (Nr. 10, D 2 b).

[2] „Fides non est fiducia in divinam misericordiam, sed assensus eorum quae sunt vera. Fiducia sequitur fidem in Christum et ad spem pertinet" (Nr. 9, D 8 b).

[3] „Fides est assensus eorum quae Scriptura tradit credenda; qui assensus est cognitio adhaesiva" (Nr. 12, N 8 b).

[4] „Fides actualis est opus nostrum, adjutorio doni Dei productum" (Nr. 12, Q 2 a).

[5] „Non dicimus nos justificationem esse ex fide, in quantum illa dicit solam credibilium apprehensionem et assensum" (Nr. 15, B 4 b).

[6] Nr. 17, D 2 a.

[7] „Fides nisi per charitatem quae vivit operatur, res mortua dicitur et nihil est apud Deum" (Nr. 18, N 4 b).

[8] „Credere in Christum ultra fidem dicit dilectionem ejus prae omnibus aliis, quae cum fide est proxima dispositio ad gratiam, qua fit vivificatio, quia includit contritionem" (Nr. 9, D 8 a).

Gott vorhanden ist, da tritt ohne Verzug die Rechtfertigung ein[1].

Zwar geschieht die Rechtfertigung unmittelbar durch die heiligmachende Gnade, nicht durch den Glauben, wie schon das Beispiel der unmündigen Kinder beweist, die in der Taufe gerechtfertigt werden, obgleich sie nicht glauben können[2]. Da wir indes die heiligmachende Gnade erlangen durch den Glauben an Christus[3], so kann man in diesem Sinne ganz wohl sagen, dass wir durch den Glauben gerechtfertigt werden[4], und zwar durch den Glauben allein, sofern vom lebendigen Glauben die Rede ist[5].

Ist einmal der Mensch gerechtfertigt, so darf er sich nicht dem Wahne hingeben, dass nun nichts mehr zu thun sei, dass der Glaube[6] und das Vertrauen auf Gottes Barmherzigkeit[7]

---

[1] „Immediate et in eodem tempore, quo fides illa habetur, format et vivificat eam Deus gratia justificante" (Nr. 17, F 2 b).

[2] „Nunc vide tu Culsamere, cur negaverim fidem justificare, quoniam fidem actualem quas dicit credere, opus esse dico hominis adjutorio tamen speciali Dei productum, quorum nullum formaliter justificat, at gratiam Dei dico esse merum donum ejus, ad quod nihil facit homo, et illo Deus justificat hominem" (Nr. 9, D 8 a).

[3] „Gratia acquiritur per fidem" (Nr. 17, B 4 a). „Fides in Christum est immediata dispositio ad gratiam" (Nr. 9, C 8 a). „Fide tanquam medio pervenitur ad donum renascentiae" (Nr. 21, A 5 b).

[4] „Nec ipse nego justitiam ex fide esse, ad sanum tamen intellectum, non tuum, qui erroneus est et falsus. Sic etenim justitia ex fide est, quoniam gratia quae formaliter justificat, praerequirit fidem actualem in adultis usum rationis habentibus" (Nr. 12, Q b). „Quo liquet justificationem hominis formaliter, h. e. per se et immediate fieri a gratia qua Deus justificat illum, et fidem disponere ad illius gratiae consecutionem; quare fides nonnisi dispositive et antecedenter dicitur justificare" (Nr. 21, A 5 a; vgl. Nr. 10, A 2 b; Nr. 17, C a).

[5] „Nos quoque concedimus solam fidem in Jesum Christum justificare hominem coram Deo, loquendo de fide viva" (Nr. 15, O a).

[6] „Non sufficit credere ad ingressum coeli, sicut nostri Husaitae dicunt, quia non dicit Christus: Si vis ad vitam ingredi crede, sed dicit: Serva mandata; quamvis oporteat fidem praecurrere et ex illa opera mandatorum Dei fieri" (Nr. 11, D 2 b).

[7] Non igitur salvaberis sola spe misericordiae Dei, qua parcitur

zur Seligkeit schon genügen; würde er unterlassen, nach Zeit und Gelegenheit gute Werke zu üben, so würde er aus dem Stande der Gnade wieder in die Sünde zurückfallen¹. Er muss daher, will er selig werden, die Gebote Gottes beobachten. Und da Gott, wie die Schrift vielfach bezeugt, der treuen Haltung seiner Gebote einen ewigen Lohn verheisst, so müssen die erwachsenen Gläubigen den Himmel verdienen, aus dem einfachen Grunde, weil der Himmel nur der verdienstvollen Haltung der Gebote zugesichert ist. „Willst du zum Leben eingehen," hat der Heiland gesagt, „so halte die Gebote."²

Wohl sagen die Gegner: Da Christus uns den Himmel verdient habe, so sei es unnöthig, dass wir denselben auch noch verdienen; unsere Werke können nichts dazu beitragen. Dies verkünden sie grossprecherisch auf der Kanzel und bewirken dadurch, dass das Volk sich nicht mehr um die Haltung der Gebote kümmert. Es ist freilich wahr, dass Christus uns den Himmel verdient hat; aber dieser Himmel wird uns nur zu theil werden, wenn wir die Gebote halten und durch die Haltung der Gebote die ewige Seligkeit uns verdienen³. Christus hat uns also den Himmel verdient in

---

peccatis, sed oportet te etiam opera bona facere quae praecepit tibi Deus" (Nr. 9, C 3 a).

¹ „Per remissionem peccatorum quae fit per gratiam recipitur homo ad statum merendi, in quo si neglexerit mereri non servando mandata Dei, mox relabitur ad statum culpae" (Nr. 9, C 3 a). „Fides absque operibus est mortua, quia dum opera negliguntur ipso loco et tempore quo fieri debent, subtrahitur charitas, qua subtracta moritur fides; non quod amplius non sit, sed quia meritoria esse cessat" (Nr. 21, B 4 b).

² „Doceo cum Ecclesia catholica infantibus baptizatis ante discretionis annos morientibus Christi meritum sufficere ad salutem; adultis autem baptizatis et usum rationis habentibus non sufficere illud; quia illi tenentur ad mandata Dei, quae dum ex gratia servant, memento quod et Christus eis meruit, qui vult ut et nos mereamur quod ipse meruit nobis" (Nr. 14, K 2 b). „Licet Christus omnibus meruerit coelum, nulli tamen adultorum dare decrevit, qui sua mandata non servaverit, cum quibus conventionem de denario diurno fecit, quem in vinea ejus mereri habent" (Nr. 11, D 2 a).

³ „Nec te juvabit dicere, Christum nobis meruisse regnum coelorum,

Die Lehre von der Rechtfertigung. 71

dem Sinne, dass er für unsere Sünden genuggethan und uns die Gnade erworben hat, mit welcher wir die Gebote halten und dafür den ewigen Lohn erlangen können¹. Durch sein Leiden und Sterben hat uns Christus die Fähigkeit verschafft, verdienstvolle Handlungen zu vollbringen². Nicht als ob die Verdienste Christi für sich allein nicht genügt hätten. Dieselben sind so überschwänglich gross, dass sie durch unser Verdienen an Vollkommenheit nichts gewinnen können. Dennoch hat der göttliche Heiland angeordnet, dass auch wir mit seiner Gnade uns Verdienste sammeln³.

Hierdurch wird aber das Verdienst Christi in keinerlei Weise geschmälert; denn all unser Verdienen beruht ja nur auf den Verdiensten Christi⁴. Ohne die Gnade des Erlösers können wir auch nicht das mindeste zu unserem Heile Dienliche thun; nur mit der Gnade Christi sind wir im

---

quare nihil sit cum operibus bonis nostris, sicut jam quidam non erabescunt ampullosis verbis in populum praedicare, nescientes quid dicant, at populum simplicem sua insania ab obedientia mandatorum Dei et Ecclesiae avertunt. Christus meruit nobis coelum, quod nisi et nos meruerimus, non dabit nobis ipsum; nisi enim et in suis praeceptis obedierimus, cohaeredes ejus etiam non erimus" (Nr. 9, C 3 a).

¹ „Meruit igitur nobis coelum ad hunc sensum, quod satisfecit Deo pro peccatis nostris et impetravit nobis gratiam Dei qua si bene uteremur nos exercendo in mandatis ejus, mercedem in coelo recepturi essemus" (Nr. 9, C 3 a).

² „Christus meruit nobis coelum ad illum sensum, ut nos simul mereri possimus, quia suo merito meruit vigorem et efficaciam merito nostro" (Nr. 17, E 3 a).

³ „Non quod suum meritum non sufficiat, sed quia voluit suo merito efficacia reddere merita nostra, quae sine suo merito essent insufficientia et nulla ... Non ergo perficiunt nec implent merita nostra meritum Christi, sed perficiuntur eo; neo sunt super meritum Christi nec juxta ponenda, sed sunt sub merito necnon in merito Christi que fiunt efficacia" (Nr. 17, H 4 a).

⁴ „Meritum Christi concurrit in omni merito nostro, et meritum nostrum ex merito illius meritum est et non aliunde, propterea quod gratiam nobis Christus meruit, ex qua dum bona operamur, meritorie operamur" (Nr. 16, B 4 a).

stande, den Himmel zu verdienen; ihre verdienstliche Kraft erhalten unsere Werke einzig und allein von der Gnade Christi. Daher sagt auch der hl. Augustinus: „Wenn Gott unsere guten Werke belohnt, so krönt er nur seine eigenen Gaben." [1]

Die katholische Lehre ist demnach weit entfernt, das Erlösungswerk herabzusetzen; vielmehr gibt sie uns von demselben eine erhabenere Auffassung, als dies die Neuerer thun [2]. Wie könnten wir wohl die Gnade des Erlösers besser verherrlichen, als wenn wir lehren, dass diese Gnade kräftig genug ist, unsere armseligen Werke zu einer Würde zu erheben, die sie befähigt, einen ewigen, unendlichen Lohn zu verdienen? [3] „Würde ich wie du", ruft Usingen einem Prädicanten entgegen, „das Verdienst der guten Werke, die mit der Gnade vollbracht werden, läugnen, so würde ich mich mit dir der Undankbarkeit und der Gotteslästerung gegen Christus schuldig machen. Wie, was der Heiland aus grosser Güte zum Verdienst erhoben hat, das willst du nicht als verdienstlich gelten lassen! Heisst das nicht die Güte und Freigebigkeit des Erlösers verkleinern wollen?" [4]

Den Katholiken wurde schon damals vorgeworfen, dass ihre Hoffnung sich nicht auf Christus stütze, sondern auf die eigenen Werke, die eigenen Leistungen [5]. Hierauf erwidert Usingen: Nur ein pelagianischer Ketzer vertraut auf seine eigenen Werke [6]. Man verleumdet uns,

---

[1] „Opera nostra non sufficiunt sine operibus Christi, quia ab illis vigorem habent" (Nr. 11, R 2 b). „Bona opera sunt meritoria, non quia ab homine sunt simpliciter, sed quia ex gratia Dei libere ab homine fiunt" (Nr. 9, C 2 b; vgl. Nr. 11, D 2 b; Nr. 12, N 4 a, P 2 a; Nr. 14, D b).

[2] „Evangelicae gratiae abnegatorem me vocas, cui plus tribui quam in ipsa; quam cum magnificarem, in illam molitus es attenuare" (Nr. 14, D 4 b).   [3] Nr. 14, D 3 b.   [4] Nr. 14, C 3 a.

[5] Dieser Vorwurf ist von Ebrard in einer Kritik gegen Janssen wiederholt worden. Vgl. Janssens meisterhafte Antwort: An meine Kritiker. Neue Auflage. S. 62 ff.

[6] „Quis confidit in opera sua nisi pelagianus haereticus?" (Nr. 14 D 3 a).

indem man vorgibt, wir bauten auf unsere Leistungen[1]. Wir wissen wohl, was Christus gesagt: „Wenn ihr alles gethan habet, was euch befohlen war, so sprechet: Wir sind unnütze Knechte; wir haben nur gethan, was wir schuldig waren zu thun."[2] Wir wissen auch, dass wir nur in Abhängigkeit von der Gnade Christi etwas verdienen können. Deshalb müssen wir recht demüthig sein[3], nicht auf uns selbst, sondern auf Gottes Güte und Barmherzigkeit vertrauen und Gott allein die Ehre geben[4].

Von einem eiteln Selbstvertrauen wollte also der katholische Ordensmann nichts wissen. Ebensowenig hat er der äussern Werkheiligkeit das Wort geredet. Nur jene Werke hält er für verdienstlich, die aus dem lebendigen Glauben hervorfliessen[5]. Bloss äussere Werke genügen nicht; es muss sich auch Glaube und Liebe damit verbinden. Zwar werfen uns die Gegner vor, so führt Usingen aus, wir lehrten nur eine äussere Werkheiligkeit und kümmerten uns nicht um Glaube und Liebe. Es ist dies jedoch eine jener zahlreichen Verleumdungen, womit sie uns fort und fort zu verdächtigen suchen[6].

Eine andere Verleumdung bestand darin, dass man die katholischen Prediger beschuldigte, **sie übergingen die wahren christlichen Werke, insbesondere die**

---

[1] „Non fidimus nos in opera nostra bona, sed in Dei bonitatem" etc. (Nr. 15, B 4 a.)

[2] „Est mendacium et quidem maximum, quo dicis nos aedificare super opera nostra et confidere in illa. Non enim ignoramus" etc. (Nr. 15, B a.)   [3] Nr. 17, E 4 a.   [4] Nr. 15, D 4 a.

[5] „Opera legis sive veteris sive novae, nisi ex fide viva fluxerint, non erant nec sunt meritoria gloriae" (Nr. 17, II 8 a).

[6] „Nos quoque docemus opera bona ex fide et charitate fieri debere, si vitae aeternae debuerint esse meritoria. Tu autem cum tuis connebulonibus nos diffamatis coram populo quasi doceamus opera bona neglecta fide et charitate" (Nr. 15, B 3 a; vgl. Nr. 12, G a). „Tu laetus de operibus bonis exclusa fide gratia vivente, quibus nemo meretur gloriam, et ita nasum facitis populo nugis vestris, quas mendacissimae nobis imponitis, et tamen non vultis vocari mendaces."

Werke der Nächstenliebe, mit Stillschweigen, um dem Volke glauben zu machen, es komme vor allem darauf an, sich im Ceremoniendienste zu üben, viele kirchliche Stiftungen zu machen, Ablass zu lösen u. dgl. — „In meinen Predigten", erwiderte Usingen, „habe ich vor allem auf die Haltung der Gebote gedrungen. Wie kannst du also sagen, dass wir die wahren christlichen Werke mit Stillschweigen übergehen?"[1] „Die vornehmsten Werke, lehre ich, sind jene, die Gott geboten hat; alle andern, die wir aus freier Wahl übernehmen, kommen erst in zweiter Linie."[2] „Dann belehren wir auch das Volk, in welcher Absicht es die guten Werke verrichten solle. Bei unsern Handlungen, sagen wir ihm, sollen wir vor allem die Ehre Gottes im Auge haben; aus Liebe zu Gott sollen wir Gutes thun[3]; doch dürfen wir dabei, nach vielfachen Aussprüchen der Heiligen Schrift, unsere Absicht auch auf die verheissene Belohnung richten."[4]

Aus den vorstehenden Ausführungen erhellt zur Genüge, dass bei unserem Prediger die Gnade Christi zu ihrem vollen Rechte kommt. Allerdings lehrt er, und zwar in voller Uebereinstimmung mit der Heiligen Schrift und der gesunden Vernunft, dass der Mensch als vernünftig-freies Wesen mit der Gnade mitwirken müsse, um gerecht und selig zu werden. Aber ebenso entschieden lehrt er auch, dass diese Mitwirkung ihren Anfang, ihre Fortsetzung und ihre Vollendung in der Gnade Christi hat, und dass der Mensch ohne diese Gnade auch nicht das Geringste thun könne, was zu seinem Heile dienlich wäre. „In allen meinen Schriften", erklärt er einmal einem lutherischen Prädicanten gegenüber, „wirst du nichts anderes finden, als dass wir durch die Gnade Gottes gerechtfertigt werden und mit dieser Gnade verdienstlich wirken können."[5]

Dennoch wurde Usingen von den Erfurter Prädicanten ein „Pelagianer" gescholten[6], ein „Verläugner der evangelischen

---

[1] Nr. 12, F 2 a. [2] Nr. 12, G a. [3] Nr. 15, E 8 a.
[4] Nr. 12, Q a; Nr. 19, A 4 a. [5] Nr. 14, B 4 a. [6] Nr. 12, B a.

Gnade"[1], ein „von Gott und dem heiligen Evangelium abgefallener Mensch"[2], der meine, „er bedürfe des Erlösers nicht"[3], der predige, „Christus sei nur für die unschuldigen Kinder, nicht für die Erwachsenen gestorben"[4].

Hier sieht man aufs neue, wie sehr man irren würde, wollte man die Ansichten der katholischen Vorkämpfer der Reformationszeit aus den gegnerischen Schriften kennen lernen. Um die Mitte des 16. Jahrhunderts klagte der Dominikaner Bartholomäus Kleindienst: „Es sind etliche Sectenmeister so gar unverschämt im Lügen, dass sie dürfen – wie zu vermuthen, wider ihr eigen Gewissen — das arme Volk dahin bereden, dass es glaube: Wir jetzigen Katholischen, oder wie sie uns nennen, Papisten, halten nichts mehr von Christo, beten die Heiligen als Götter an, ja halten den Papst für unsern Gott; wir wollen Gott den Himmel mit unsern Werken ohne die Gnade Gottes abpochen, wir glauben nicht der Heiligen Schrift, haben keine rechte Bibel, können sie auch nicht lesen, ob wir sie schon hätten, verlassen uns mehr aufs geweiht Wasser, als auf das Blut Christi. Dergleichen unzähliger, viel greulicher, gotteslästerlicher und zuvor unerhörter Lügen erdichten sie wider uns. Die Verständigen wissen auch, dass dies der Secten fürnehmste Kunst ist, womit sie das Papstthum dem gemeinen und sonst gutherzigen Mann so gar zum Greuel gemacht haben."[5]

Aus den Unbilden, die Usingen zugefügt worden, ersehen wir, dass dies Verleumdungssystem gleich bei Beginn der religiösen Wirren in Uebung gewesen.

---

[1] Nr. 14, D 4 a.   [2] Nr. 14, G 2 b.   [3] Nr. 9, B 2 a.
[4] Nr. 15, B 2 a.
[5] Vgl. meinen Aufsatz über Kleindienst in den Hist.-polit. Blättern (1892) I, 496.

Sechstes Kapitel.
Usingens Stellung zur Kirche und zu den kirchlichen Missbräuchen.

Was unsern Augustiner ganz besonders auszeichnet, das ist sein **glaubenskräftiges kirchliches Bewusstsein**, die entschiedenste und kindlichste Hingabe an das Wort der heiligen katholischen Kirche. „Ich kann wohl irren," sagt er einmal, „aber nie kann ich ein Ketzer werden, weil ich stets bereit bin, mich dem Urtheile der katholischen Kirche zu unterwerfen."[1] Die Autorität der Kirche gilt ihm als die oberste Richtschnur seiner ganzen Lehrthätigkeit[2].

Nicht als ob der katholische Prediger die **Autorität der Heiligen Schrift** geringschätzte, wie seine Gegner ihm vorwarfen[3]. Im Gegentheil „Mit allen Katholiken", erklärt er, „nehme ich alles an, was in der Schrift enthalten ist."[4] Auch steht ihm die Heilige Schrift höher als die Entscheidungen der Concilien und der Päpste[5].

Dessenungeachtet will er die Heilige Schrift nicht als die **alleinige Quelle des Glaubens** gelten lassen, schon deshalb nicht, weil nicht alles, was Christus und die Apostel gelehrt, darin enthalten sei. Neben der Schrift müsse auch die kirchliche Ueberlieferung, die lebendige Stimme der Kirche, gehört werden[6]. „Soll nur das

---

[1] Nr. 12, D 2 b. Mehrmals erklärt er, dass er alle seine Schriften dem Urtheil der Kirche unterwerfe (Nr. 18, C b; Nr. 23, Vorrede).

[2] Nr. 9, D a   [3] Nr. 10, C b.   [4] Nr. 15, II 6 b.

[5] „Auctoritas sacrae Scripturae praevalet auctoritati conciliorum, Papae et cujuscunque in doctrina fidei et morum, nempe quia Apostolis, non Papae nec conciliis Christus dederit potestatem edendi sacrae Scripturae libros" (Nr. 11, C a). Doch fügt er hinzu, dass die Entscheidungen der Kirche ebenso streng verpflichten können als die Aussprüche der Schrift. „Cum quo tamen stat aliquam doctrinam et praeceptionem non apostolicam Ecclesiae mandato aequari Scripturae sanctae, non quidem per auctoritatem, sed quoad observantiam" (C b).

[6] Nr. 14, R 8 b; Nr. 18, P 2 a; Nr. 19, II 8 b.

geschriebene Wort Gottes Geltung haben," bemerkt er einem Prädicanten gegenüber, „warum feierst du dann den Sonntag und nicht, wie die Juden, den Sabbat, da doch in der Schrift von der Heiligung des Sonntages keine Rede ist?"[1] „Ist die Bibel die alleinige Quelle des Glaubens," hält er einem andern Gegner vor, „wie war es dann zu der Apostel Zeiten, als es noch keine Bibel gab?"[2]

Aber selbst wenn die Schrift alle nothwendigen Glaubensartikel enthielte, so würde sie dennoch für sich allein als Glaubensquelle nicht genügen. Denn wer kann uns sagen, welche Bücher der Heiligen Schrift beigezählt werden müssen? Nur die vom Geiste Gottes geleitete Kirche. Warum also die Kirche nicht anerkennen, da wir doch nur aus ihrem Munde erfahren können, welche Bücher aus Eingebung des Heiligen Geistes geschrieben worden?[3] Wer der Kirche nicht glauben will, der kann auch nicht festiglich der Schrift glauben; nur im Schosse der katholischen Kirche kann die Festigkeit und Einheit des Glaubens gewahrt werden[4].

Dieselbe Kirche ist es auch, die uns über den wahren Sinn der Heiligen Schrift Aufschluss gibt. Und wer könnte wohl das Wort Christi besser verstehen als seine eigene Braut, der er seinen Geist verliehen, eben den Geist, welcher der Urheber und alleinige Erklärer der Schrift ist?[5] Zwar behaupten die Gegner, die Schrift sei so klar, dass sie jedermann ohne fremde Hilfe leicht verstehen könne. Ist aber das Vorständniss der Bibel so leicht, erwidert Usingen, warum streiten dann Luther und Carlstadt so heftig über den wahren Sinn der Einsetzungsworte des Abendmahls?[6]

Solche Streitigkeiten können nicht mit Hilfe der Schrift, die jeder nach seinem Sinne auslegt, sondern nur durch das

---

[1] Nr. 11, D a. [2] Nr. 14, C 8 b. [3] Nr. 9, D 4 b; Nr. 12, E 8 b.
[4] „Qui Ecclesiae non credit, non potest firmiter Scripturae credere... Non potest stabilitas esse fidei et unitas extra Ecclesiam catholicam" (Nr. 19, H 8 a).
[5] Nr. 9, B 5 b; Nr. 10, B 3 b; Nr. 11, A 6 a; Nr. 16, A 2 a.
[6] Nr. 15, D b.

unfehlbare Lehramt der Kirche entschieden werden. Dieser
Kirche hat Christus seinen Beistand verheissen; er hat ihr
seinen Geist verliehen, der sie vor allem Irrthume bewahre[1].
Der Kirche müssen wir uns also anschliessen, wenn wir in der
Wahrheit fest uns gründen und ewig selig werden wollen.
Denn ausser der Kirche kein Heil. Wie zur Zeit der
Sündfluth niemand ausserhalb der Arche gerettet wurde, so
wird auch jetzt niemand selig ausserhalb der katholischen
Kirche[2]. Wer von der Kirche sich trennt, der trennt sich
vom mystischen Leibe Christi und muss daher, gleich einem
abgeschnittenen Rebzweige, verdorren und abstehen[3].

Wir begreifen denn auch, warum der katholische Prediger mit der grössten Innigkeit, wie ein Kind seiner Mutter,
der Kirche sich anschliesst. „Ich schäme mich nicht," erklärt
er, „ein Sohn der heiligen Kirche zu sein; mit Freuden erkenne ich sie als meine Mutter an, wohl wissend, dass sie
mich in der heiligen Taufe zum Leben der Gnade geboren
hat. In ihrem Schoosse werde ich mit Gottes Hilfe verbleiben
bis zu meinem letzten Athemzuge. In ihrer Wiege werde
ich sorgenlos sanfter Ruhe mich hingeben können; denn ich
weiss, dass sie die Arche des Heiles ist, und dass alle, die
ausserhalb dieser Arche auf dem sturmbewegten Meere des
Lebens umherirren, Schiffbruch leiden und in den Abgrund
stürzen, der mit Feuer und Schwefel brennt."[4]

Mit derselben Entschiedenheit erklärt sich Usingen auch
für Rom und für den Heiligen Vater, den Papst.
„Von der römischen Kirche", bekennt er einmal, „wird man
mich niemals losreissen können; denn ich glaube, dass sie das
Haupt der katholischen Kirche ist."[5] Der Bischof von Rom,
der Nachfolger des hl. Petrus, gilt ihm als das Oberhaupt der
ganzen Kirche[6], als der höchste Lehrer des Glaubens, bei
dem ebensogut wie bei der allgemeinen Kirche die authentische

---

[1] Nr. 10, B 2 b; Nr. 19, A 3 a. [2] Nr. 10, A 3 b; Nr. 13, A b.
[3] Nr. 21, C 6 a. [4] Nr. 14, R 2 a. [5] Nr. 14, P 5 b.
[6] Nr. 10, A 4 a; Nr. 14, O 4 a; Nr. 19, A 5 b.

Erklärung der Heiligen Schrift zu finden sei [1]. Christus selbst hat den Papst zu seinem sichtbaren Stellvertreter auf Erden eingesetzt. Wer daher das Papstthum verwirft, der verwirft die Anordnung Christi; wer den Papst verachtet, der verachtet den göttlichen Heiland [2].

Die Verehrung, die der katholische Mönch für die römische Kirche bekundet, verhindert ihn jedoch keineswegs, die vorhandenen Missbräuche scharf zu rügen. Culsamer gegenüber, der ihm die Missstände in der römischen Kirche vorgehalten hatte, erklärte er: „Es ist allerdings wahr, dass in der römischen Kirche etliche Missbräuche eingerissen sind und vielleicht mehr als in jeder andern Kirche; doch hat sie an der Lehre Christi und der Apostel stets unerschütterlich festgehalten. Ich habe übrigens niemals behauptet, dass man Rom oder einer andern Kirche in dem, was unrecht ist, folgen solle; denn die Missbräuche verabscheue ich mehr als du und die Deinigen, die ihr solche Missbräuche vor dem Volke ausschreiet, um den Clerus verhasst zu machen und eure eigenen Laster zu beschönigen." [3]

Dass Usingen in der That die kirchlichen Missbräuche verabscheute, bezeugt er an manchen Stellen seiner Schriften. Wie in der Person des Papstes, so verehrt er auch in den Bischöfen die Stellvertreter Gottes [4]. Doch kann er nicht umhin, das ungeistliche Treiben mancher Prälaten scharf zu tadeln. Er klagt vor allem über jene Bischöfe, die, statt für das geistliche Wohl ihrer Pflegempfohlenen zu sorgen, sich

---

[1] „Verus Scripturae intellectus quaerendus est apud Ecclesiam vel apud probatos doctores ejus aut apud summum ejus membrum" (Nr. 19, H 4 a).

[2] „Inter quos pastores exigente ordine et unitate ac pace Ecclesiae Christus unum esse voluit suo loco supremum in terra, quem constituit Petrum, unde Papatus habet originem, quem qui abjicit, Christi ordinationem abjicit, et qui Papam contemnit, Christum contemnit" (Nr. 14, N a).

[3] Nr. 13, B 4 a.

[4] „Papae et caeteris praelatis meis in Ecclesia obedio loco Dei, sicut mihi praecepit Christus" (Nr. 14, P 3 a).

nur um zeitliche Dinge bekümmern[1]. Wollen einige, fügt er hinzu, das Wort Gottes predigen und kirchliche Functionen ausüben, so werden sie von den andern ausgelacht; man hält ihnen vor, dass solche Beschäftigungen zu niedrig seien für einen Bischof. Diejenigen, welche für die Ausspender der Geheimnisse Gottes gehalten werden wollen, schämen sich, ihr hohes Amt auszuüben! Sie lassen alles durch Vicare besorgen; doch steht zu befürchten, dass auch einmal andere an ihrer Stelle in den Himmel eingehen werden[2].

Es ist leicht zu begreifen, dass solche Prälaten, die sich fast ausschliesslich mit weltlichen Händeln beschäftigten, für die grosse Gefahr, in welcher die Kirche schwebte, wenig Verständniss hatten. Wie oft klagt unser Augustiner über die Nachlässigkeit der Bischöfe der neuen Irrlehre gegenüber![3] Hätten die kirchlichen Vorsteher, sagt er einmal, besser ihre Pflichten erfüllt, so wäre nicht ein solches Unheil über die Kirche hereingebrochen. Da sie aber geschlafen haben und noch schlafen, ist fast alles in Verfall gerathen; die eingerissenen Missbräuche könnten kaum grösser werden[4].

Auch über den Clerus im allgemeinen fällt der katholische Prediger sehr strenge Urtheile. Zwar konnte er den Uebertreibungen Luthers gegenüber auf manche fromme und ehrenwerthe Geistliche hinweisen, die das ausgelassene Leben

---

[1] „Nec de episcopis tacui qui ordine perverso, spiritualibus neglectis, saecularibus intenderent, qui vicarios in spiritualibus haberent regendis et ipsi saecularia administrarent, quo facto ex dominis et majoribus ac servos facerent et minores; salvo tamen honore et pace illorum haec dixerim" (Nr. 9, B 2 a).

[2] „Quod (nämlich kirchliche Functionen) si quispiam vel episcoporum vel praelatorum jam facere coeperit, mox rideter ab aliis tanquam ad vile negotium se submittens in ipsorum vilipendium molitur et in scandalum... Jam omnia aguntur per substitutionem, sed timendum est quod pariter per illam introitus fiat in regnum coelorum" (Nr. 12, X 8 b).

[3] Nr. 10, F 2 a; Nr. 11, C 8 a.

[4] „Quia dormitant et dormiunt, omnia pene in abusum abierunt, qui adeo increvit, ut nihil supra. Unde tot mala tantamque subditorum insolentiam jam videre et ferre cogantur" (Nr. 16, D a).

ihrer Standesgenossen aufs tiefste beklagten[1]. Welch düstere Schilderung entwirft er aber andererseits von der Pflichtvergessenheit zahlloser Priester, die durch ihr zuchtloses Leben dem christlichen Volke zu schwerem Aergerniss gereichten![2]

Schon damals, wie Usingen in seiner Predigt über das Heiraten der Priester und Mönche berichtet, warfen einige die Frage auf, ob es nicht besser wäre, den Geistlichen die Ehe zu gestatten, da so manche im Concubinat lebten und die Bischöfe trotz der vielen Aergornisse die grösste Saumseligkeit an den Tag legten[3]. Unser Prediger überlässt die Entscheidung dieser Frage dem Urtheil der Kirche. Doch findet er, dass man die vortreffliche Einrichtung des Priestercölibats nicht so leichten Kaufes preisgeben dürfe[4]. Man solle viel

---

[1] „O os impudens, non erubescis detrahere tot viris bonis et innocentibus per tot collegia ecclesiastica caste et probe viventibus! Quot innoxios est hic reperire, qui aegerrime ferunt quorumdam dissolutionem, quam cohibere non possunt, dormientibus quorum interest hanc emendare!" (Nr. 20, J 4 a.)

[2] „Quid dicam de pseudosacerdotibus, quorum plenus est mundus, qui fronte semel perfricta erubescere amplius nesciunt, in quorum manibus pro psalterio lusoriae cartulae cernuntur et tesserae, in quorum ore non Dei nomen resonat et laudes, sed jurgia, maledicta et fraudes audiuntur, rixosi, tumultuosi, belligeri, in quorum cubiculis non est videre canonicas scripturas, sed gladios, pilas et carissas, quorum hymnus et psalmus est: Edamus et bibamus et in Venerem submersi. Gulae proceres, Bacchi clientes et Veneris satellites, non carmina Davidica resonantes, sed Nasonis erotica et Catulliana elegidia; maharitas crederes, non Christi milites. Et quid Christo cum tali larvarum faece, quos quidem ut homines diligo, at vitia eorum palpare nec possum nec debeo" (Nr. 10, E 6 a).

[3] „Quibusdam videtur sic expedire, ut fieret propter vitanda tot fidelium scandala et propter episcoporum segnitiem et conniventiam. Illi saecularibus pompis et dominiis intenti haec relinquunt officialibus seu fiscalibus, ut vocant, suis, qui sibi annuum proventum faciunt ex sacerdotum incontinentia" (Nr. 10, F 5 a).

[4] Die vorhandenen Aergernisse, erklärt Usingen, fliessen nicht aus dem Cölibatsgesetz, sondern „ex negligentia praelatorum, qui canones de vita et honestate clericorum a sanctis patribus traditos non practicant; ex illorum ergo conniventia et etiam propria culpa tanta proveniunt per

oher die untauglichen Leute vom geistlichen Stande fern halten und die Uebertretung der kirchlichen Vorschriften streng ahnden. Aber leider, klagt der Augustiner, „es schlafen die Gesetze, und das Uebel nimmt von Tag zu Tag eine grössere Ausdehnung an" [1].

Trotzdem sind die abgefallenen Priester und Mönche, die sich unterstehen, eine vermeintliche Ehe einzugehen, keineswegs zu entschuldigen. Beim Empfang der höhern Weihen oder bei Ablegung der Ordensgelübde haben sie freiwillig ewige Keuschheit gelobt. Dies feierliche Versprechen, das sie vor Gott und den Menschen abgelegt, sind sie verpflichtet zu halten. Nehmen sie dennoch ein Weib zu sich mit dem Willen, sich zu verheiraten, so ist dies Verhältniss keine Ehe, sondern nur ein Concubinat, dem man einen schönen Namen zu geben sucht [2].

Aber die Ehe ist doch frei, erwiderten die Neuerer; jedermann kann sich verheiraten; der Papst hat das Recht nicht, jemandem die Ehe zu verbieten. — Dies thut der Papst auch nicht, entgegnet Usingen; er lässt einem jeden volle Freiheit, sich zu verheiraten oder ledig zu bleiben. Aus triftigen Gründen bestimmt er bloss, dass die Geistlichen sich nicht verehelichen dürfen, ohne indes jemand zu zwingen, in den geistlichen Stand einzutreten. Wer nun aus freier Wahl geistlich wird und hiermit ewige Keuschheit gelobt, der muss nachher dies Gelübde auch halten, da er sich selbst vor Gott und der Kirche dazu verpflichtet und freiwillig der Ehe für immer entsagt hat [3].

---

universam Ecclesiam facinora, de quibus illi rationem reddere habebunt Domino" (Nr. 16, G 4 a).

[1] „Melius esset tantam sacerdotum multitudinem olim in paucos honestos et negotiosos restringere; melius quoque remedium contra sacerdotum sociationem non est quam suspensio ab officio vel privatio emolumenti ecclesiastici; quo serio viso indubie praebendas retinerent et scortilla moechaliaque abire permitterent. Sed dormiunt canones et invalescit hoc malum quotidie magis ac magis" (Nr. 10, F 2 b).

[2] Nr. 10, F 2 b; Nr. 16, G 4 a; Nr. 21, E 8 a. [3] Nr. 14, R a.

Und man behaupte nicht, dass es unmöglich sei, das Gelübde der Keuschheit zu halten. Mit der Gnade Gottes könne man sehr wohl ein enthaltsames Leben führen. Nur müsse man auch selber die nothwendigen Mittel anwenden, sich im Gebet und in der Abtödtung üben und die bösen Gelegenheiten meiden [1].

Nebst dem zuchtlosen Leben ist es besonders das **unersättliche Jagen nach kirchlichen Pfründen**, das Usingen vielen Geistlichen zum Vorwurfe macht. Nach Art der Fugger, klagt er, üben sie gleichsam an allen Stiften ein Monopol aus, häufen Pfründen auf Pfründen, ohne sich um die damit verbundenen Pflichten auch nur im geringsten zu kümmern. Die Güter der Kirche und der Armen verprassen sie auf die schändlichste Weise und geben so Anlass zu Aergernissen, die weder Gott noch die Menschen länger ertragen können [2]. Insbesondere rügt der Augustiner das unwürdige Treiben deutscher Curialisten, die sich zu Rom den niedrigsten Diensten unterzogen, auf diese Weise sich Pfründen zu verschaffen wussten und dann nach Deutschland zurückkehrten, um mit unersättlicher Habgier, Blutegeln gleich, Kirchen und Stifte auszusaugen [3].

Mit dieser Pfründensucht war naturgemäss eine **Bevorzugung der juristischen Studien** verbunden, zum grössten Nachtheil der theologischen Wissenschaft. Wer die Rechte

---

[1] Nr. 10, F 4 a; Nr. 16, G 6 b.

[2] „Sacerdotiis satiari non possunt et per omnia collegia ecclesiastica monopolium more Focherensium exercent in praebendis et beneficiis, ut vocant; qui labores locant et sudores laborantium vorant feriati. Putant se tutos illi papali dispensatione, non curantes Apostolum dicere, potestatem suam sibi in aedificationem Ecclesiae traditam, non in destructionem. Qualis aedificatio hic sit, loquantur pauperes Christi, quorum bona scortillis machantia, canes et equi absumunt, unde ortum est scandalum nec Deo nec hominibus ulterius ferendum" (Nr. 18, B a).

[3] „Taceo abusum iniquum curialium, qui molotribas et particarii agazones Romae sacerdotia venantes per totam Germaniam collegia expilant, mulgent et succum praebendarum instar hyrudinum exsugunt" (Nr. 11, B 8 a).

studirt hatte, konnte damals viel leichter als der wissenschaftlich gebildete Theologe eine einträgliche Stelle erlangen; daher vernachlässigten manche Geistliche die Theologie, um sich ausschliesslich dem Studium der Rechte zu widmen. Schon um die Mitte des 15. Jahrhunderts war dieser Missstand von einem gelehrten Elsässer Kartäuser, Nicolaus von Strassburg, ernstlich gerügt worden [1]; bei Geiler von Kaysersberg findet man dieselben Klagen [2], und auch unser Augustiner beschwert sich mehrmals über das Verdrängen der Theologen durch die Rechtsgelehrten [3].

Solche Klagen waren nur allzusehr berechtigt. Infolge des überwiegenden Einflusses, den die Juristen gewonnen, hatte sich nach und nach gleichsam ein kirchlicher Bureaukratismus ausgebildet, der ohne Verständniss für das innere Geistesleben und oft nur auf das Geld bedacht, in der Kirche höchst traurige Zustände herbeigeführt hatte [4]. Hauptsächlich diesem unheilvollen Bureaukratismus ist es zuzuschreiben, wenn die kirchlichen Censuren so vielfach missbraucht und dadurch beim Volke in Misscredit gebracht wurden [5]. Wie ist man doch, klagt einmal der Erfurter Pre-

---

[1] Vgl. meinen Aufsatz: Der Kartäuser Nicolaus von Strassburg und seine Schrift De recto studiorum fine ac ordine, im „Katholik" (1891) II, 352.

[2] Dacheux, Geiler de Kaysersberg, Paris 1876, p. 112.

[3] „Maxima pars sacerdotum et totius cleri hactenus conservandis dignitatibus et sacerdotiis, neglectis sacris litteris, immo despectis, nimis cupide et avare intenderunt et studuerunt. Vidimus in pretio magno esse juris studia, quia temporalia lucra ministrabant" (Nr. 10, E 6 a).

[4] „Recte est jam multis temporibus Ecclesia per canones et decreta, in quibus tantus increvit abusus, quod pene totam Ecclesiam quam aedificare et conservare debuerant, labefactarunt et destruxerunt, quibus nisi sacrae medeatur litterae, pro deploratis de caetero habebuntur" (Nr. 10, E 6 a).

[5] „Decretistarum aliquando memini, qui quum hactenus Ecclesiam suis decretis et constitutionibus regere praesumpserint, parum curatis theologis qui quasi abjecti inter eos vixerant, ubi nunc maneant cum suis fulminationibus et rauciis telis quibus hactenus terrori erant universo Dei populo. Silent nunc arma eorum, populo amplius ferre recusante

diger, mit dem Banne umgegangen! Wahrlich, dies kirchliche Strafmittel hat nur dazu dienen müssen, Geld herauszupressen. Die Folge davon liegt jetzt vor Augen: die kirchlichen Censuren haben alle ihre Kraft eingebüsst. „Da seufzen nun die Curtisanen, die Prälaten werden verhöhnt, das Volk jubelt, die Fürsten schweigen, die Magistrate sind einverstanden, und ungestraft geht christliche Zucht und Ehrbarkeit zu Grunde."[1]

Ein ähnlicher Missbrauch ist mit den Dispensen getrieben worden. „Eben die Leichtigkeit, mit welcher man allerlei Dispensen erhalten kann, ist schuld daran, dass der Papst und die römische Curie in so übeln Ruf gekommen sind. Und das Aergerniss wird noch jeden Tag grösser werden, wenn nicht bald Abhilfe getroffen wird."[2]

Fügen wir indes gleich hinzu, dass bei solchen Anschuldigungen der katholische Prediger immer nur die schädlichen Auswüchse bekämpft, nicht die Sache selbst. Im Gegentheil! Den Neuerern gegenüber vertheidigt er das Recht der kirchlichen Vorsteher, widerspänstige Untergebene mit dem Banne zu belegen; ebenso vertheidigt er das Dispensationsrecht, gleichwie er mehrmals für die gesetzgeberische Gewalt der

---

ulmium illorum abusum, qui ad os usque crevit, quo patet verum esse quod vulgo dicitur, malum destruere seipsum" (Nr. 9, B 2 a).

[1] „De excommunicationibus autem quid dicam? Certe aliud nihil quam quod factae sunt molae pecuniariae quibus dioecesani per suos officiales necnon praepositi et archidiaconi per suos substitutos in aucupio alicui aeris pervigilant. Verum hoc malum una cum caeteris adeo increvit quod populo pene intolerabile factum sit, propter quod cum malum seipsum destruere soleat, cepit et illud hac nostra tempestate seipsum destruere. Stant molae, gemunt curtisani, ridentur praelati, deliciatur populus, silent principes, connivent magistratus ut impune peccemus omnis decor christianitatis" (Nr. 11, B 8 a).

[2] „Plurima scandala cernuntur hac tempestate et hactenus visa sunt ex tam facili dispensatione non solum in eas, sed etiam in beneficialibus, ut vocant, cum multis aliis. Propter quae romana curia cum papa tam pessime audit, et nisi reformatio sequatur, quotidie pejus et audiet et habebit" (Nr. 14, Q 8 b).

Kirche eintritt. „Wer die Gebote der Kirche verachtet," lehrt er, „der verachtet Christus und den Heiligen Geist."[1]

Aber auch bezüglich des letztern Punktes glaubt er sich über einige Missstände beschweren zu sollen. Bei Besprechung der Worte des Heilandes: „Mein Joch ist süss und meine Bürde ist leicht", kann der Prediger nicht umhin, den Wunsch auszudrücken, man möge doch das christliche Volk nicht allzusehr mit menschlichen Satzungen überladen; das leichte Joch des göttlichen Heilandes sollte den Gläubigen nicht allzu schwer gemacht werden[2]. Schon der hl. Augustinus habe sich über einige kirchliche Vorsteher beklagt, die dem Volke allzu schwere Lasten aufbürdeten. Eine solche Klage, fügt Usingen hinzu, sei viel berechtigter zu unserer Zeit, wo die Gläubigen mit so vielen Fest- und Fasttagen, mit so vielen Censuren und andern Belästigungen beschwert werden[3].

Auch in den Klöstern müsse man nicht allzuviele Satzungen einführen. Einige Vorschriften seien wohl nothwendig, wenn in einem Hause Ordnung herrschen soll. Doch müsse man diese Vorschriften nicht zu sehr vermehren; denn mit vielen Gesetzen werde nirgendwo gut regiert. Besser sei es,

---

[1] „Qui ordinationes et praecepta Ecclesiae catholicae contemnit, etiam Christum et Spiritum sanctum contemnit, per quem Ecclesia regitur" (Nr. 19, H 4 a).

[2] „Praelati praecipere habentes in Ecclesia non debent nimis onerare populum Dei traditionibus humanis, ne jugum Christi suave et onus ejus leve fidelibus fiat amarum et grave" (Nr. 11, B 2 b).

[3] „Quod si tunc erat, quid putandum est de nostro tempore ubi Dei populus ultra modum gravatus cernitur traditionibus humanis, scilicet in feriis, in abstinentiis, in censuris et aliis vexis quibus hactenus ad paupertatem usque miserrimus laboravit" (Nr. 11, B 2 b). Usingen hat indes hier nur die allzuvielen Gesetze einzelner Diöcesen im Auge, nicht die allgemeinen Kirchengebote. Gegen letztere hat er nichts einzuwenden, er vertheidigt sie vielmehr. „Exerceatur administratio illa (Summi Pontificis) legibus et traditionibus humanis, quibus mali arceantur a vitiis et boni promoveantur et manuteneantur in virtutibus; nec illis obruuntur fideles, ut vobis videtur" (Nr. 16, C 4 a).

nur wenige nützliche Gesetze zu haben, dieselben aber sorgfältig durchzuführen. Sind die Satzungen zu zahlreich, so werden dadurch unbeständige Brüder veranlasst, über die schwere Bürde zu klagen und sich nach der „christlichen Freiheit" zu sehnen. Infolgedessen verlassen sie das Kloster, wie man heutzutage oft sehen kann[1].

Der katholische Ordensmann hat demnach ein offenes Auge für die eingerissenen Missbräuche; er steht nicht an, die religiösen Wirren für ein ernstes, vom Clerus nur allzusehr verdientes Strafgericht anzusehen, für ein Strafgericht, das zugleich läuternd und heilend wirken solle, da Gott gewöhnlich einem Uebel durch ein anderes Uebel abhilft[2]. Leider, fügt unser Prediger hinzu, gibt es Leute, die ihr Unrecht nicht einsehen wollen. Sie klagen heftig über die neue Irrlehre, aber ihrer alten Missbräuche, wodurch die Kirche fast gänzlich zerstört worden ist, gedenken sie nicht. Auch heute noch wollen sie ihr unheilvolles Treiben fortsetzen, ohne in ihrer Verblendung zu bemerken, dass Gott das Hereinbrechen dieser Häresie zugelassen hat, um mittels derselben seine Kirche zu reinigen und zu heilen[3].

So entschieden aber Usingen die vorhandenen Missbräuche tadelt, ebenso entschieden vertheidigt er die kirchliche Auto-

---

[1] „Multitudo statutorum, dum nimia fuerit, ansam praebet retrospiciendi instabilibus fratribus, qui cum potant se nimis onerari ad libertatem christianam provocant" (Nr. 11, B 8 a).

[2] Usingen lehrt, dass Gott die Irrlehren zulasse, „ut castiget Ecclesiam in eis, sicut jam videmus in Germania nostra varias exurgere haereses propter magnum, ut credo, cleri abusum, propter avaritiam, denique ejus et ambitionem nimiam nec non luxum et scortationem impudentissimam quae scandala paperit pene innumera jam multis annis per universam Ecclesiam" (Nr. 16, D 8 b).

[3] „Conqueruntur multum de nova haeresi, quae tamen nova non est, sed renovata, de abusu autem suo inveterato quo pene tota destructa est Ecclesia ullam quaestionem habent, nec hodie cedere volunt, non attendentes pro saecitate sua nimia quam avaritia et ambitio in eis operatur, Deum hanc haeresum renovationem permittere, ni sum ea tantum abusum ab Ecclesia possit auferre; quemadmodum enim clavus clavo truditur, sic malo uel altero malo Deus solet mederi" (Nr. 11, B 8 a).

rität und die althergebrachten kirchlichen Lehren und Einrichtungen. „Durch die Fehler der kirchlichen Vorsteher, erklärt er, wird deren amtliche Autorität nicht vernichtet"; wir verabscheuen daher die Laster der Würdenträger, verehren aber die kirchliche Würde". Oder sollte man vielleicht wegen des Missbrauches die gute Sache an sich verwerfen? Hat denn Christus, da er die Käufer und Verkäufer aus dem Tempel jagte, die Opfer selber verboten? Die damaligen Priester waren wohl gottlos; dennoch hat der Heiland den Aussätzigen, die er geheilt hatte, befohlen, sich denselben vorzustellen; ebenso ermahnte er seine Zuhörer, die Lehren auch der schlechten Priester zu befolgen, ohne jedoch ihre Werke nachzuahmen."³

„Zwischen euch und mir", hält der Augustiner den Prädicanten vor, „handelt es sich nicht um die Missbräuche, die niemand mehr als ich verabscheut; es handelt sich um den altehrwürdigen katholischen Gottesdienst, um die Verehrung der Heiligen, die Verdienstlichkeit der guten Werke, den wahren Sinn der Heiligen Schrift, um eure Irrthümer endlich, die von der Kirche schon längst den Ketzereien beigezählt und verworfen worden sind⁴. Hättet ihr eure Angriffe auf die Missbräuche beschränkt, so wäre meine Mitwirkung euch gesichert gewesen. Da ihr aber diese Missbräuche und die Laster des Clerus zum Vorwande nehmet, um den reinen Glauben und das wahre christliche Leben anzutasten, so bekämpfe ich euch und werde euch bekämpfen bis zu meinem letzten Athemzuge."⁵

Eine Reform sei wohl nothwendig, erklärte er ein anderes Mal, nur müsse sie friedlich zu stande kommen und ohne dass dabei das Band der Einheit zerrissen werde⁶. Er wollte also „nur eine Reformation, keine Revolution, eine Ver-

---

¹ Nr. 18, A 5 b.
² „Irascentes crimini, officium veneramur" (Nr. 10, C 4 a).
³ Nr. 10, C 4 b.   ⁴ Nr. 10, C 4 b.   ⁵ Nr. 14, O 3 b.
⁶ „Vellem autem ego ordinationem bonam collapsam cum pace et unitate restaurari" (Nr. 18, C 4 b).

besserung der kirchlichen Uebelstände, aber keinen gewaltsamen Umsturz, keine Spaltung und Trennung von der Gemeinschaft der Kirche.

Er war übrigens der Ansicht, dass die neuen Reformatoren am wenigsten geeignet seien, die kirchlichen Schäden auszubessern. Es erfüllte den Ehrenmann mit Entrüstung, dass gerade solche über die Gesammtheit der alten Kirche zu Gericht sitzen wollten, die selbst der Reformation am meisten bedürftig waren[1]. Dass das Unterfangen ungestraft vor sich gehen könne, erklärt er für eine Schmach des deutschen Namens. „Das ist der Ruhm unserer Zeit," ruft er einmal aus, „der uns bei den künftigen Geschlechtern in Verruf bringen wird."[2]

Seine Entrüstung über die Neuerer war um so grösser, als die von ihnen ausgestreute Saat bereits anfing, die bittersten Früchte zu tragen. Was einige Jahrzehnte später der Eichstätter Weihbischof Leonhard Haller in Bezug auf ganz Deutschland klagend hervorhob, das konnte Usingen schon in der allerersten Periode der religiösen Neuerung in Erfurt wahrnehmen: „Deformirung ist gefolgt der neuen Reformirung."

Siebentes Kapitel.
Usingen über die Folgen der Glaubensneuerung.

Die neue Lehre von der Rechtfertigung allein durch den Glauben und von der Verdienstlosigkeit der guten Werke hatte, wie anderswo, so auch in Erfurt, in kurzer Zeit den **Verfall des charitativen Lebens herbeigeführt.** „Durch eure gottlose Predigt", hält Usingen den Prädicanten

---

[1] Ueber die neuen Prediger vgl. das Urtheil des neugläubigen Eoban Hessus bei Kampschulte II, 199 f. Nach Anführung verschiedener Gebrechen fügt der Humanist hinzu: „Ut taceam quam sit hoc genus hominum in Venerem effusa libidine."

[2] „Haec est gloria nostri temporis, qua infames erimus apud saecula futura" (Nr. 10, F 2 a).

vor, „habt ihr bewirkt, dass die Gläubigen keine Werke der Barmherzigkeit mehr üben; daher hört man auch die Armen laut über euch klagen¹. Die reichen Leute kümmern sich nicht mehr um die Nothdürftigen, da man ihnen vorpredigt, dass der Glaube allein zur Seligkeit genüge und die guten Werke nicht verdienstlich seien. Die Geistlichen dagegen, die früher in den Klöstern und Stiften so reichliche Almosen ausgetheilt haben, sind nicht mehr im stande, diese Liebeswerke fortzusetzen, weil infolge eurer Angriffe ihre Einkünfte sich sehr vermindert haben."²

Während so die Mildthätigkeit gegen die Armen abgenommen, waren andererseits die öffentlichen Laster in steter Zunahme begriffen³. „Die Früchte eurer Predigt," bemerkt Usingen den Prädicanten gegenüber, „die Ausschweifungen und Aergernisse, die daraus entspringen, sind der ganzen Welt bekannt⁴. Und wie sollten denn die Leute", führt er fort, „sich noch bemühen, ihre Leidenschaften zu bezähmen, da man ihnen ohne Unterlass wiederholt, durch den Glauben allein werden alle Sünden ausgetilgt und die Beichte sei nicht mehr nothwendig? Es vermehren sich denn auch in

---

¹ „Numquid non abducitis homines hac vestra perfidia, imo insania, ab operibus pietatis et misericordiae in proximos, uti in practica videmus et pauperes Christi in vos clamare audimus?" (Nr. 16, O b.)

² „Saeculares opulenti quorum omnia peccata fide absorbentur, quibus coelum dabitur, si crediderint duntaxat Deum hoc sibi daturum, nihil amplius curant pauperes; et cur currerent, cum pietas illa exhibita nihil meriti habeat in coelo? Spirituales autem amplius non habent de quo tribuant, non satis sibi sufficientes. . . Quid autem de sacerdotibus saecularibus dicam, qui per omnia sua collegia ecclesiastica larga manu hactenus subvenerunt pauperibus Christi etiam singulis diebus, qui pariter tua tuorumque invidia et malitia in stipendiis et emolumentis suis decrescunt; et de quo illi deinceps dabunt?" (Nr. 12, F a—b.)

³ „Abundat nimis iniquitas jam per Germaniam nostram et augescit quotidie magis ac magis propter perfidiam illam crypticam, quae incentivum et fomentum est omnis mali" (Nr. 10, L 3 a).

⁴ „Noti sunt jam fructus vestrae praedicationis, dissolutio vestra et populi adhaerentis vobis; taceo scandala quae quotidie cernuntur ex vestra provenire doctrina spurcissima et nefandissima" (Nr. 12, E a).

schrecklicher Weise Ehebruch, Unkeuschheit, Diebstahl, Gotteslästerung, Verleumdung und andere dergleichen Laster, wie leider vor Augen liegt."¹

Man glaube nicht, dass der katholische Prediger hier übertreibe. Auch der lutherisch gesinnte Eoban Hessus entwirft in seinen vertraulichen Briefen ein gar düsteres Bild von den damaligen Erfurter Zuständen; er berichtet von den sich mehrenden Verbrechen, von fast täglichen Hinrichtungen. Für die vielen Schuldigen konnten die Gefängnisse kaum noch ausreichen².

„Eine solche Gottlosigkeit", erklärte Usingen, „war vor dem Ausbruch der neuen Lehre hier nicht zu finden³; jetzt aber sehen wir, wie die Zügellosigkeit von Tag zu Tag zunimmt."⁴ „Das sind die Früchte der evangelischen Predigt," klagte der Augustiner, „dass das Volk, nachdem es den Gehorsam der katholischen Kirche abgeschüttelt, unter dem Vorwande christlicher Freiheit sich den Lüsten des Fleisches hingibt, wahre

---

¹ „Passim videtur jam dissolutio qua ambulat intrepide quivis post desideria sua. Cum enim per vos sit dictum confessionem auricularem non esse necessariam et sola fide absorberi omnia peccata ipsorum, quid non facerent pro explendis desideriis suis? Multiplicantur adulteria, furta, blasphemiae, detractiones, fornicationes et id genus alia supra modum, ut est cernere ad oculum et patet per quotidianum exercitium" (Nr. 12, G 2 b).

² Eobani Epistolae p. 114 f. Krause I, 400 f.

³ „Populum vestra perfidia dissolutum facilis adeo quod nec Deum nec homines amplius timere cernitur, qui ab obedientia ecclesiastica vestra seductione recedens suo vivit arbitrio et licenter nimis, quia libertate in occasionem carnis data, ut est cernere ad oculum, qualiter non vixit antequam vestra apud nos inciperet perfidia" (Nr. 15, F 4 b).

⁴ Auf die Bemerkung eines Prädikanten, dass das „teuflische Leben" (vita diabolica) einiger, die sich evangelisch nennen, auch den evangelischen Predigern nicht gefalle, erwidert Usingen: „Si non placet vobis, ut dicis, quare concionibus vestris ad diabolicam vitam illis occasionem dedistis et quotidie datis, auferendo obedientiam quam debet populus praelatis in Ecclesia etiam lege divina, auferendo etiam a populo timorem iam Dei quam hominum, unde secuta est tanta dissolutio in populo, quae per vestram perfidiam augescit quotidie?" (Nr. 14, N 3 a.)

Frömmigkeit verachtet und sich in einen Abgrund stürzt, aus dem es kaum jemals wird errettet werden können."¹

Aus den angeführten Stellen ersieht man, dass Usingen für die zunehmende Sittenlosigkeit die neue Lehre verantwortlich machte. Der innere Zusammenhang zwischen der Zunahme der Laster und den neuen Grundsätzen wird öfters von ihm hervorgehoben. Wenn man lehrt, so führt er aus, dass der Glaube allein selig macht, dass die guten Werke zu unserer Seligkeit nichts beitragen und uns keinen Lohn im Himmel erlangen, wer wird sich dann noch Mühe geben, gute Werke zu verrichten?² Warum überhaupt die Menschen noch zum Guten ermahnen, wenn unser Wille nicht frei ist?³ Und wer wird sich noch befleissen, die Gebote Gottes zu halten, wenn man den Leuten vorpredigt, dass sie die Gebote nicht halten können und dass Christus dieselben für uns vollkommen erfüllt hat?⁴

Nicht nur die Lehre, die gepredigt wurde, auch das Auftreten der Erfurter Prädicanten war wenig dazu angethan, die sittliche Hebung des Volkes zu fördern. „Das rohe, pöbelhafte Schelten von den Kanzeln, die fortwährenden Ausfälle gegen die Sünden und Gebrechen des alten Clerus, das ungestüme Verwerfen und Verdammen von Einrichtungen, Gegenständen, Gebräuchen, die jahrhundertelang die allgemeine Verehrung genossen hatten: alles dies konnte nur von verderblichem Einfluss auf die Sittlichkeit sein. Wie oft hielt Usingen das nicht seinen Gegnern vor! Wie oft ermahnte er sie nicht an die christliche Liebe und Nachsicht, die das Wort der Schrift auch gegen den Sünder zur Pflicht mache!⁵ Wo

---

¹ Nr. 10, A 2 a. ² Nr. 15, A 4. ³ Nr. 12, B b.

⁴ „Quem enim tam stolidum arbitraberis qui ad hoc conetur quod cernit et audit sibi impossibile?" (Nr. 15, A 4 b.) Vgl. C 8 a: „Si non possumus implere mandata Dei, ut habet tuae factionis perfidia, quomodo non destruis ipse quae doces, evangelice praedicator, qui te cum tuis jactas evangelium praedicare et non illud populum celare ac ejus loco traditiones hominum docere et praedicare?"

⁵ „Ingeminatis ad ravim usque vitia clericorum et religiosorum, et

der Predigtstuhl die privilegirte Stätte maassloser Verlästerungen war¹, da konnte der Zuhörer unmöglich Nutzen und Gewinn für seine eigene Förderung auf dem Wege des Guten schöpfen."²

„Die Heilige Schrift", bemerkt einmal Usingen einem Prädicanten gegenüber, „befiehlt dem Prediger, den Zuhörern ihre Sünden vorzuhalten und sie zur Besserung zu mahnen. Du aber sprichst dem Volke nicht von seinen eigenen Fehlern, sondern nur von den Sünden des Clerus. Darüber vergisst der Zuhörer seine eigenen Sünden und verlässt die Kirche schlechter, als er gekommen ist."³ „Manche eilen denn auch in die Predigt," erklärt der Augustiner an einem andern Orte, „nicht um sich zu bessern, sondern um irgend einen Schauspieler zu hören, wie man auf dem Jahrmarkt einem Gaukler zuläuft, der, um das Volk anzulocken, seine Mitgesellen mit Schimpfworten überschüttet."⁴

Auch unter den Neugläubigen war man mit diesem Treiben der Prädicanten nicht allgemein zufrieden. „Selbst eure Zuhörer", hält Usingen den Gegnern vor, „sind bereits eurer fortwährenden Lästerungen überdrüssig geworden. Früher, sagen sie, hat man uns das Evangelium gepredigt, aber solche Schmähworte, solche Verleumdungen sind damals auf den Kanzeln nicht gehört worden."⁵ „Diese Lästerungssucht", fügt der

---

non curatis Christum dicere: Qui sine peccato est projiciat primum lapidem in eam" (Nr. 10, C 4 b).

¹ „Quid hactenus sonuerunt et sonant illorum suggesta in templis quam ministrorum Ecclesiae Dei detractiones, oblocutiones et infamias?" (Nr. 22, B 3 a. Vgl. Nr. 10, A 2 a; Nr. 15, G 3 a; Nr. 18, C 2 a.)

² Kampschulte II, 171.   ³ Nr. 15, G 8 b.

⁴ Nr. 15, F 4 b.

⁵ „Parietes et subsellia templorum in quibus hactenus praedicastis vel potius latrastis, nihil aliud se a vobis audivisse testantur quam convitia, jurgia, opprobria, calumnias, oblocutiones, diffamationes et id genus alia, quibus non solum sacerdotibus, monachis et vestalibus virginibus insultastis, verum etiam Ecclesiae praelatis, episcopis, cardinalibus, Summo Pontifici, imo totius Ecclesiae catholicae et cuilibet ordini ejus, quos omnes coram populi fece foedastis, contaminastis, conspurcastis, conspuistis et si quid turpius... Quod vos quotidie facere etiam auditores vestri

Augustiner hinzu, „war früher nur Sitte bei den Marktschreiern; jetzt aber grassirt sie auch in den Kirchen, wo die evangelischen Prediger ohne jedweden Grund rechtschaffenen Männern allerlei Verbrechen vorwerfen."¹

War es da zu verwundern, wenn selbst Lutheraner über die Zunahme der öffentlichen Laster Klage führten? „Schlechte Sitten, Verderbniss der Jugend, Verachtung der Studien, Erregung von Zwietracht, das sind die Früchte eures Evangeliums", schrieb am 24. Januar 1524 der „Poetenkönig" Eoban Hessus an Johannes Lang, den Anführer der Erfurter Prädicanten². Und Euricius Cordus, ein anderer neugläubiger Humanist, schrieb 1525 an seinen Freund Draconites: „Gottes Wort erschallt hier laut in vielen Kirchen, aber brächte es doch auch in dem Grade Frucht, wie es Beifall bei dem Volke findet! Ich sehe nicht, dass wir um ein Haar besser werden; vielmehr war der Geiz nie grösser, und bequemere Gelegenheit zu fleischlicher Lust ist nie vorhanden gewesen. Es müsste denn sein, dass das Wort Gottes unsere Augen geschärft hätte, dass wir jetzt mit Schrecken als Sünde kennen lernen und sehen, wovon wir vorher nicht wussten, dass es Sünde sei. Alles ist — was ich jedoch nicht missbillige — voll von den Hochzeiten der Priester und der Mönche... Usingen wüthet", so meldet der Humanist weiter, „und hält noch allein mit seinen Greisenschultern die Sache der Papisten aufrecht. Einige unterstützen ihn dabei wie begleitende Flötisten, aber von Tag zu Tag brechen sie unter der Last einer nach dem andern zusammen. Es ist zu Ende mit der papistischen Tyrannei. Unsere Schule aber", schliesst klagend der Briefschreiber, „ist verfallen, und unter den Studirenden herrscht eine solche Zügellosigkeit, dass sie unter den Soldaten im

---

testantur, qui jampridem fastidio se affectos conquaruntur super saliva vestra qua quotidie conspuitis eos quos ante diximus. Insuper dicunt se antehac audivisse evangelium praedicari, sed non talia convitia, tales detractiones, quibus vos illud foedatis et adulteratis" (Nr. 14, L b).
¹ Nr. 12, A 8 b. Vgl. Nr. 6, E 8 b. ² Krause I, 369.

Feldlager nicht grösser sein kann; es verdriesst mich, hier zu leben."[1]

Die vor kurzem noch so blühende Hochschule war in der That kaum noch ein Schatten von dem, was sie früher gewesen. Im Jahre 1520 waren noch 311 Studenten immatriculirt worden; 1524 war die Zahl der Immatriculirten auf 24 herabgesunken![2] „Niemand würde es früher geglaubt haben," erklärte 1523 der Decan der philosophischen Facultät in einem amtlichen Berichte, „wenn einer vorausgesagt hätte, dass in kurzem unsere Universität so verfallen werde, dass kaum noch ein Schatten des frühern Glanzes zurückbleibe, wie wir das jetzt — o des Schmerzes! — vor Augen sehen. Die Sache der Universität wird auf den Kanzeln behandelt, dass fast nichts ungeschmäht bleibt, was früher in Ehren stand."[3] „Alle wissenschaftlichen Studien liegen verachtet zu Boden," schrieb der Rector der Hochschule, „die akademischen Ehren sind verhasst, unter der studirenden Jugend ist alle Zucht verschwunden."[4]

Wie klagte und jammerte beim Anblicke eines solchen Verfalles der greise Usingen! War doch sein ganzes Leben mit der Hochschule aufs innigste verwachsen. Hier hatte er als Jüngling seine höhern Studien gemacht, hier war er 30 Jahre lang als Lehrer thätig gewesen. Der Ruhm der Erfurter Universität, dieses „einzigen und grössten Kleinodes"[5] der Stadt, hatte sich über ganz Deutschland ausgebreitet; ausgezeichnete Männer waren in grosser Anzahl aus derselben hervorgegangen[6]. Und nun musste der greise Lehrer sehen, wie diese ehemals

---

[1] Eoban! Epist. 90. Kampschulte II, 174.
[2] Kampschulte II, 219. Im Jahre 1525 liessen sich nur 21, im folgenden Jahre sogar nur 16 einschreiben. Vgl. Weissenborn II, 580 ff.
[3] Ebend. 179.   [4] Ebend. 184.
[5] „Nonne ciusdem hoc unicum et insigne, gymnasium puto scholasticum, ex quo honorem eximium et emolumentum habuistis maximum, labem haec confecit, expulit et fugavit!" (Nr. 15, J a.)
[6] „Quod (gymnasium) hactenus tot viros egregios educavit, ut universam Germaniam doctis locupletaret" (Nr. 9, D b).

so gefeierte Hochschule verödet dastand¹; nun musste er hören, wie die lutherischen Zeloten alle Universitäten insgesamt „Hurenhäuser" schalten². Kein Wunder, dass er gegen die Prädicanten, denen er den Niedergang der Hochschule zuschrieb³, aufs höchste entrüstet war. Schon im Jahre 1522 hatte er einmal in einer Predigt erklärt, dass an eine Herstellung der Universität nicht zu denken sein werde, wenn man nicht zuvor die Verwüster derselben, die lutherischen Prädicanten, zur Stadt hinausjage⁴.

Der Ingrimm der Neuerer gegen die alten Universitäten erklärt sich einigermassen. Die damaligen Hochschulen standen fast ausnahmslos treu zur katholischen Kirche. Daher auch Luthers Wuth gegen diese „Mördergruben", diese „Molochstempel", diese „Synagogen des Verderbens"⁵. In einer im Jahre 1521 gehaltenen Predigt hatte er sogar erklärt: „Die hohen Schulen wären werth, dass man

---

¹ „Per ipsos (Prädicanten) jam pridem est destructum" (Nr. 12, M 4 b).

² „Quod (gymnasium nostrum) in cum tuis una cum caeteris gymnasiis ubique terrarum constituitis lupenaria et prostibula vocatis" (Nr. 12, C a). Der Rector der Universität, Heinrich Herbold, klagte im Jahre 1523: „.. Quo venit, cum et universitates literarias prostibulum e contione conferantur, ut universae pene disciplinae jaceant contemptae." Weissenborn II, 827.

³ „Quod de distructione Erphordiensis gymnasii dicis, audi quibus distructum sit. Non solum quippe ruinam est passum propter avocationem juventutis scholasticae a literis utriusque philosophiae, sed maxime propter tuam tuorumque haereticam praedicationem, qua fugati sunt bonorum hominum filii a fidelibus parentibus revocati, ne in haereses vestras laberentur, quibus universam replestis Erphordiam. Et quis fidelium istius suos mitteret liberos ad vorandum Bohemorum stercora, quibus ipsa jam foetet?" (Nr. 12, S 2 b.) Dass manche Eltern ihre Söhne von Erfurt zurückriefen, um sie vor „hussitischer Ansteckung" zu bewahren, bezeugt auch die Universitätsmatrikel. Kampschulte II, 186.

⁴ „Gymnasium nostrum erigi rursum dici non posse nisi virgis expulsi fuerint prius ejus destructores... Numquid hactenus quidam praelectores pariter et concionatores bonas artes sugillando omnem scholasticam juventutem ab avita institutione averterunt adeo, quod etiam artium bonarum nomina oderint et rideant?" (Nr. 9, D h.)

⁵ Vgl. Janssen II, 299.

sie alle zu Pulver machte; nichts Höllischeres und Teuflischeres
ist auf Erden gekommen von Anbeginn der Welt, wird auch
nicht kommen."[1] Melanchthon erklärte ebenfalls im Jahre
1521: „Nie sei etwas Verderblicheres, Gottloseres erfunden
worden als die Universitäten; nicht die Päpste, der Teufel
selbst sei ihr Urheber."[2]

Usingen hatte demnach nicht ganz unrecht, wenn er Luther
und dessen Anhänger für den allgemeinen Niedergang der
deutschen Universitäten verantwortlich machte[3]. „Alle Universitäten", erklärte ein Zeitgenosse, auf den sich Usingen
einmal beruft[4], der Benediktinerabt Simon Blick, „werden
mit Luthers und seines Anhangs Lehren zu Boden geschlagen.
Sie können auch nicht bestehen, noch in Wesen bleiben, dieweil Luther und sein Anhang die Universitäten also jämmerlich schändet und lästert. Sie sind ihnen des Teufels Synagogen,
des Papstes Hurenhäuser und noch greulicher. Item heidnische

---

[1] Sämtliche Werke VII, 68. [2] Janssen II, 300.

[3] „Gymnasia scholastica Lutherus coepit contemnere et devastare,
in quibus artes ingenuae et bonae cum virtutibus discuntur, quorum
multa per Germaniam passa sunt magnam ruinam, et inter
caetera gymnasium olim nobilissimum et famosissimum Erphordiense"
(Nr. 22, H 2 b). Höchst trostlose Klagen über den gänzlichen Verfall
der deutschen Universitäten, namentlich derjenigen von Erfurt, finden
wir auch bei dem lutherischen Prädicanten Justus Jonas. Den 10. Mai
1538 schrieb derselbe an die Fürsten von Anhalt: „Multa gymnasia
ante paucos annos in Germania fuerunt, tunc cum religionis
doctrina prorsus sepulta jaceret, non frigida nec infrequentia, et infinita
coenobia scholis non dissimilia. Jam in medio cursu evangelii ... tot
scholae locis commodissimis sitae repente extinctae sunt. Ut de
aliis taceam, Erphordiae, in illa tot eruditorum altrice, vix tenuia
vestigia videre licet et miserabiles ruinas, reliquias ex hoc horrendo ex-
cidio, quo ibi dilacerata et eversa jacet respublica literarum... Quid
nos aliud jam, cum reliquias ilias et vestigia scholarum in Misnia, in
Duringia, deinde desertas academias ad Danubium, ad Rhenum intuemur,
quam cadavera tristia gymnasiorum, quae florere, vivere et spirare de-
sierunt, cum dolore ac gemitu aspicimus?" Es sei das Hereinbrechen
einer neuen Barbarei zu befürchten. Bei Kaweran S. 384 f.

[4] Nr. 15, F 4 b.

Künste und Philosophei und alles, was Aristoteles — ein Licht der Natur — geschrieben, ist bei ihnen in höchster Verachtung, dürfen sagen: Ein Töpfer bei einem Topfe habe mehr Kunst, als in allen Büchern Aristotelis geschrieben."[1]

Gerade diese **Abneigung gegen Aristoteles**, gegen „heidnische Künste und Philosophei", war eine der Hauptursachen, warum die Neuerer so heftig gegen die damaligen Hochschulen loszogen. Luther und die Seinigen „hassten die Universitäten, weil dieselben stets das ‚natürliche Licht' aufgerichtet, die Vernunft als ein zur Erforschung religiöser Wahrheit geeignetes Werkzeug gerühmt, eine Vermittlung zwischen Glauben und Wissen gesucht hatten"[2].

Auch von den Erfurter Prädicanten wurde **allem vernünftigen Wissen der Krieg erklärt**[3]. Lang verkündete auf der Kanzel, man solle den Aristoteles mit seinem „Koth" hinter den Ofen werfen[4]. Noch weiter ging Culsamer, der im Streite gegen Usingen in den schroffsten Ausdrücken den Gebrauch der natürlichen Vernunft verdammte, weil sie nur Böses wollen könne[5]. Hierin folgte übrigens der Erfurter

---

[1] Blick C 2 a. [2] Janssen II, 300.

[3] „Qui nihil didicistis nihilque nostis quam hodie detrahere studiis" (Nr. 12, L 2 b).

[4] „Cur studium philosophiae tam morale quam naturale tanquam stercora abjiciendum publice docuerunt? Imo utriusque philosophiae parentem, ipsum scilicet Aristotelem, tuus corrector (Lang) praedicavit post fornacem cum suis stercoribus relegandum" (Nr. 12, S 2 b). In Bezug auf Langs Ausfälle gegen Aristoteles, unter dem ein schlichter Bürgersmann den Pfarrer des nahegelegenen Dorfes Stotternheim verstanden hatte, wurde in Erfurter Kreisen folgendes Geschichtchen erzählt: „Postquam sua concione estis bonas risisset artes, tandem in Aristotelem nasum strinxit et illum cum suo stercore post fornacem relegandum censuit. Quod e plebe quidam audiens et per Aristotelem intellexisset plebanum in Stotternheim, haec vel similia dicitur retulisse verba: Quid bonus ille dominus fecit, quod hic tam severe coram populi multitudine taxatur? Quid si post fornacem vel minxit vel cacavit, commisitne ideo facinus igne expiandum?" (Nr. 10, B 4 a.)

[5] Er sagte zu Usingen: „Nescis, miserande, nescis omnem humanam prudentiam et rationem spiritui adversari!" Usingen

Prädicant nur seinem Meister Martin Luther, der die Vernunft eine „schäbige, aussätzige Hure" nannte, „die höchste Hure des Teufels, die man mit ihrer Weisheit mit Füssen treten, die man todtschlagen, der man, auf dass sie hässlich werde, einen Dreck ins Angesicht werfen solle" [1].

Wo die Vernunft so schmählich behandelt wurde, war es ganz natürlich, dass man auch von der Philosophie nichts mehr wissen wollte. Mit Berufung auf den hl. Paulus erklärte Culsamer **alle und jede Philosophie für sündhaft und verderblich** [2]. Er entrüstete sich sogar darüber, dass Usingen zu behaupten wagte, die weltliche Gelehrsamkeit, die der hl. Augustinus besass, sei diesem bei seinem Predigtamt und bei der Widerlegung der Irrlehren zu Nutzen gekommen [3].

Wenn schon Lang und Culsamer, die zu den gebildeten unter den Erfurter Prädicanten gehörten, so schroff gegen die Vernunft und die Philosophie auftraten, was liess sich dann von den andern erwarten, die zum grössten Theile rohe, unwissende Leute waren? [4]

---

erwiderte ihm: „Recise rationis hominis astis docem te ratione carere" (Nr. 12, J b 4).   [1] Janssen II, 300.

[2] „Paulus ad Coloss. 2 universam philosophiam rejicit." Usingen antwortete: „Dico Paulum eam rejicere philosophiam, quae non cedit gratuitis (die der geoffenbarten Wahrheit entgegen ist), sed non universam, ut tu latras, quia alias veritatis rejecisset studium et spiritui veritatis, a quo omnis veritas est, contradixisset" (Nr. 12, L b).

[3] In seiner ersten gegen Culsamer gerichteten Schrift hatte Usingen erklärt: „Quod addis prudentiam illam naturalem, scilicet industria et longa rerum experientia comparatam, in praedicando Dei verbum totam esse venenosam et mortiferam, toto erras coelo, quia natura non obest gratuitis, nec bona in homine naturalia impediunt gratuita, sed miro modo ipsa promovent et juvant. Num beatus Augustinus ingenii acrimonia mirifice adjutus est in praedicatione verbi Dei et haereticorum confutatione?" (Nr. 9, B 4 a.) Hierauf entgegnete Culsamer: „Blacteras divum Augustinum ingenii acrimonia in verbi praedicatione et haereticorum confutatione plurimum adjutum. Matteologe et epistologe Usinge, unde ista probes nescio" (Nr. 12, J a).

[4] So betitela sie Kampschulte (II, 178) und Krause (I, 340).

Eoban Hessus, der mit so lautem Jubel das erste Auftreten der Neuerer begrüsst hatte, musste jetzt (1523) in einem Briefe an Draconites klagen: „Es erfüllt mich mit dem tiefsten Schmerze, dass die entlaufenen Mönche unter dem Vorwande des Evangeliums hier die Wissenschaften so gänzlich unterdrücken. In ihren verderblichen Predigten entreissen sie den rechten Studien ihr Ansehen, um der Welt ihre Tollheiten als Weisheit zu verkaufen. Unsere Schule ist verödet, wir selber sind verachtet. Haufenweise stürmen Mönche und Nonnen herbei, zum Verderben der Studien. Was soll ich die Ueberläufer mehr schelten? Keine Phyllis ist lüsterner als diese unsere gewesenen Nonnen." [1] Bald nachher (1524) neue Klagen über das Treiben der herrschend gewordenen Partei. „Ich bin sehr ungern hier," schreibt Eoban Hessus an Sturz, „da alles verloren ist. Denn es ist keine Hoffnung mehr übrig auf Wiederaufrichtung der Studien oder auf Fortdauer des gemeinen Wesens. So sehr geht alles dem Untergange zu, und wir selbst werden durch einige ungelehrte Ueberläufer allen Ständen verhasst gemacht. Kommst du hierher, so wirst du traurige Auftritte sehen und hören. Ich bin zwar bereit, für die christliche Wahrheit zu sterben; aber wer könnte das wilde Treiben dieser unfrommen Frommen ertragen, die nur nach Blut dürsten und einzig dahin streben, wie sie durch den Sturz und die Unterdrückung anderer sich selbst emporschwingen mögen? O armes, unglückliches Erfurt!" [2]

„Welch ein Verfall der Wissenschaften", schrieb gleichzeitig Eobans gesinnungsverwandter Freund, der Humanist Nossen, „ist über uns hereingebrochen! Niemand kann mit trockenen Augen sehen, wie hier aller Eifer für Wissenschaft und Tugend verschwunden ist. Ich fürchte nichts so sehr,

---

[1] Eobani Epist. p. 87. Nach Usingen sollen sich einmal bei 800 ausgelaufene Mönche in Erfurt aufgehalten haben; auch manche abgefallene Nonnen trieben dort ihr Unwesen. „Quorum nuper trecenti in urbe nostra numerati dicebantur, praeter sorores exiticias, quarum non paucas quotidie obambulare visuntur" (Nr. 19, E 3 b).

[2] Eobani Epist. p. 84.

als dass, nachdem die Grundlage der Wissenschaften zerstört worden, auch alle Frömmigkeit verfallen und eine Barbarei eintreten wird, welche die geringen Ueberbleibsel von Religion und Wissenschaft vollständig vernichtet."¹

Angesichts der neuen „Barbarei", die in Deutschland einzureissen drohte, wurde Usingen für die Zukunft seines Vaterlandes von grosser Besorgniss erfüllt. Wie infolge des griechischen Bildersturmes die alte Grösse von Konstantinopel und die römische Kaiserkrone auf die deutsche Nation übergegangen seien, so werde, prophezeite er in trüber Ahnung, der gegenwärtige deutsche Bildersturm den Verfall Deutschlands und den Verlust der alten Grösse herbeiführen ².

Es war zunächst der grosse Bauernkrieg, der in Deutschland unsägliches Elend anrichtete. „Was unsere Deutschen, die in die Fusstapfen der Griechen eingetreten, erwartet," schrieb Usingen bald nach der blutigen Katastrophe, „das zeigen die hunderttausend Bauern, die innerhalb sechs Monaten erschlagen worden sind."³ „Germaniens Barbarei,"⁴ erklärte er um dieselbe Zeit, „von der ich früher nur in den Büchern gelesen, habe ich jetzt mit eigenen Augen schauen können. Zahllose Kirchen sind geplündert und dem Boden gleich gemacht worden; die Reliquien der Heiligen, wie ich selbst gesehen, hat man verächtlich beiseite geworfen; sogar den heiligen Frohnleichnam des Herrn verschonte man nicht; an vielen Orten sind die heiligen Hostien auf den Boden geschüttet und von den Bauern mit den Füssen zertreten worden." Luther habe damals geschrieben, dass alle Teufel die Hölle verlassen hätten und in die Bauern gefahren wären; nur habe er nicht gesagt, von wem die Teufel ausgeschickt worden. Luther selbst

---

¹ Eobani Epist. p. 294. Kampschulte II, 160.
² Nr. 18, A 4 b.   ³ Nr. 19, K 4 b.
⁴ Vgl. Eoban Hessus an Jakob Micyllus, 8. September 1525: „Utinam non penitus occidant literarum studia regno Barbarorum nunc florente magis quam ullis unquam Gothicis temporibus" (Eobani Epist. p. 42).

und seine Prädicanten, meint unser Augustiner, hätten das Unheil heraufbeschworen [1].

Jahrelang hatten die Erfurter Prädicanten an der Aufwiegelung des Volkes in Stadt und Land gearbeitet [2]. Noch kurz vor Ausbruch des Bauernkrieges hatte Mechler in öffentlicher Predigt sich vernehmen lassen, dass Spaten und Hacken des Landmannes dem Evangelium zu Hilfe kommen müssten [3]. Der scharfblickende Usingen hatte darum schon im Jahre 1523 als nothwendige Folge eines solchen Treibens einen blutigen Volksaufstand vorhergesagt [4]. „Durch deine verderbliche Predigt", hatte er noch Anfang 1525 Culsamer vorgehalten, „machst du das Volk aufrührerisch und bringst es dazu, dass es sich nicht nur gegen den Clerus, gegen welchen du es fort und fort aufhetzest, sondern auch gegen die weltliche Obrigkeit empören wird. Letztere wird dann zu spät einsehen, wie thöricht sie gehandelt, indem sie euch unter ihren Schutz genommen." [5]

Was Usingen warnend vorhergesagt, ging im Frühjahr 1525 in Erfüllung. Auf die Nachricht von der Erhebung der Bauern in Schwaben und Franken rotteten sich im Erfurter Gebiete Tausende von Aufrührerischen zusammen und beschlossen, mit bewaffneter Hand in die Stadt einzuziehen. Der

---

[1] Nr. 20, K 2 a. Vgl. Nr. 18, M 2 a; Nr. 21, F 0 a.

[2] „Quae (die neue Predigt) populi faecem novitatum studiosam et carnalis libertatis amatricem fecit tumultuariam et inquietam et quotidie facit inquietiorem" (Nr. 10, B 2 b).

[3] „Si Ecclesiae sufficit verbum Dei, quare tu Aegidi sarculum, pastinum et lignem tuis concionibus citas in ejus auxilium? Si sufficit solum Dei verbum, cur adhiberi miseris arma rustica?" (Nr. 18, A 4 a.) Vgl. II 2 b: „Quid . . . ad populum clamaveris, necesse esse, ut vel pastino, vel sarculis et ligonibus suburbanis Evangelio consuleretur, quando nec tua nec tuorum proficerent verba? Meministine rusticae insolentiae, qua jam passim subditi in dominos suos tumultuantur et insurgunt?" Vgl. auch Nr. 16, K 2 a.

[4] „Nescitis populum esse bestiam multorum capitum, bestiam cruentam, quae sanguinem sitit? Vosne ergo rem vestram sanguinariis perficietis?" (Nr. 10, C 4 b). [5] Nr. 15, II 3 a.

alte Rath sollte durch einen neuen ersetzt werden. Würden die „Herren" Widerstand leisten, so sollten sämtliche Magistratsmitglieder ermordet und die Häuser der Reichen geplündert werden. Manche lutherisch Gesinnte innerhalb der Gemeinde machten gemeinsame Sache mit den Empörern und drohten unter Schmähungen gegen den Rath, die Thore gewaltsam zu öffnen und die Bauern einzulassen.

Um sich selbst zu retten, traf nun der Rath mit den Empörern die schmähliche Vereinbarung, dass sie in die Stadt einziehen, die Güter der Bürger schonen sollten, aber die Kirchen und Klöster sowie die Häuser der katholischen Geistlichkeit plündern dürften. So geschah es auch. Am 28. April hielten die Aufrührer ihren Einzug, mit dem Stadthauptmanne Hermann von Hof[1], der sie belobte und anfeuerte, an der Spitze. „Der Rath von Erfurt", sagt ein städtischer Bericht, „hat dem wüthenden Heer der aufrührerischen Bauern Thür und Thor geöffnet, auch verhängt und zugegeben, dass sie Kirchen, Klöster und Klausen, auch den erzbischöflichen Hof und insgemein fast alle geistlichen Häuser gestürmt und geplündert. Darüber auch der Rath sich vieler Kirchen, auch der Augustinerkirche und Karmelitenklöster bemächtigt und einen guten Theil der Kirchenschätze zu sich genommen."[2]

---

[1] Derselbe, an den Lang 1521 geschrieben, dass das Evangelium mit dem Schwerte zu erhalten sei. Vgl. oben S. 85.

[2] Schon 1524 hatte Lang die Bevölkerung aufgefordert, die katholischen Kirchen zu plündern und mit den geraubten Schätzen die Armen zu unterstützen. „Quid prodest tot vasa aurea, argentea, pretiosas vestes in templis lapideis habere, quid campanarum multitudo, templorum tanta copia? Haec omnia excogitata sunt ab hominibus indoctissimis et a nebulonibus inventa, et ideo opera diabolica. O mei charissimi, amovete ea, tollite quotquot sunt, nihil curate, lacrymentur sive rideant. Date miseris egentibus" (Nr. 18, D a). Usingen erwiderte ihm: „Audi, evangelice praedicator, hanc non esse charitatem evangelicam et secundum scripturam, quae dicit de suis esse tribuendum, non de alienis, non de rapina, non de sacrilegio" (D b). „Audio pupae tuae plus quam trium millium florenorum opes esse"; er solle daher mit seinem überflüssigen Gelde die Armen unterstützen. „Hoc exemplum praebe aliis, si tunc ad similia hortaris, non ad rapinam, non ad sacrilegium" (D 2 a).

Die von den Bauern ausgeraubten Kirchen überliess der Rath den „Evangelischen"[1]. Das Gotteshaus der Augustiner wurde in eine protestantische Pfarrkirche umgewandelt und dem abgefallenen Mönche Johann Lang übergeben[2]. Katholischer Gottesdienst durfte nicht mehr gehalten werden[3].

Eoban Hessus war über diese Ereignisse hoch erfreut. Am 7. Mai schrieb er seinem Freunde Sturz: „Wir haben den Bischof von Mainz hinausgejagt, um den unverschämten Herrn, ja vielmehr Tyrannen, nie wieder aufzunehmen. Alle Mönche sind ausgetrieben, die Nonnen ausgestossen, die Canoniker verjagt, alle Tempel, sogar die Kirchenkassen geplündert; dem gemeinen Besten ist Rechnung getragen; Zölle und Zollhäuser sind abgethan. Die Freiheit ist uns zurückgegeben."[4]

Trotz aller Gefahren, denen damals die Geistlichen ausgesetzt waren, verblieb doch Usingen noch einige Zeit in Erfurt, wahrscheinlich in irgend einem Privathause sich aufhaltend[5]. Da indes selbst nach Wiederherstellung geordneter Zustände auf eine Zurückerstattung der Augustinerkirche nicht mehr zu zählen war, da zudem der Dom, wo Usingen bisher gepredigt, ebenfalls von den Protestanten in Besitz genommen worden[6], so war für den eifrigen Ordensmann in Erfurt keine bleibende Stätte mehr; ohne Zweifel wird er noch im Laufe des Jahres 1525 die Stadt verlassen haben. Anfang 1526 treffen wir ihn im Augustinerkloster zu Würzburg.

---

[1] Kampschulte II, 204 ff. Janssen II, 540 ff.
[2] Eoban Hessus an Sturz, 10. Mai 1525 (Eobani Epist. p. 112).
[3] Eoban Hessus an Sturz, 4. Juni 1525 (Eobani Epist. p. 118).
[4] Eobani Epist. p. 117.
[5] Seine Schrift Nr. 16 verfasste er noch in Erfurt nach der Hinrichtung Münsers und vor Ende des Bauernkrieges, also im Sommer 1525 (vgl. K 2 a, M 2 a). Culsamer, einer der heftigsten Gegner Usingens, war kurz vorher mit Tod abgegangen (J 4 b).
[6] Noch im Jahre 1525 wurde Lang Domprediger.

Achtes Kapitel.

Letzte Lebensjahre.

Die gewaltsame Vertreibung aus einem liebgewonnenen Wirkungskreise hatte den Muth des wackern Streiters nicht zu brechen vermocht. Kaum in Franken angekommen, begann er sofort die lutherische Irrlehre mit neuem Eifer zu bekämpfen. Den ersten Anlass hierzu bot ihm der Würzburger Domprediger Johann Haner. Letzterer hatte zur Zeit, wo Usingen Erfurt verlassen hatte, an den Bischof Konrad von Thüngen eine Schrift gerichtet, worin die Autorität der Kirche und der Concilien angegriffen ward. Alsobald verfasste unser Augustiner eine Gegenschrift, die er unterm 28. Februar 1526 dem Würzburger Oberhirten zueignete [1]. Bald nachher legte Haner seine Predigerstelle nieder, um sich nach Nürnberg zu begeben [2]. Es ist nicht unwahrscheinlich, dass Usingens Eingreifen zur Entfernung des protestantisch gesinnten Predigers beigetragen hat.

Beim Bischof Konrad stand unser Augustiner in hohem Ansehen. Dieser Prälat, der ein entschiedener Gegner der lutherischen Neuerung war, hatte vom Heiligen Stuhle den Auftrag erhalten, sämtliche Klöster der Diöcese alle fünf Jahre visitiren zu lassen [3]. Zu den Geistlichen, die mit der Visi-

---

[1] Diese Schrift, „Libellus de plenariis conciliis", die nie veröffentlicht worden ist, erwähnt Höhn p. 170. Usingen selber spricht mehrmals davon in seinen späteren Werken. Im 18. Jahrhundert war sie noch im Würzburger Augustinerkloster vorhanden.

[2] Später kehrte Haner wieder zur katholischen Kirche zurück. Vgl. Kirchenlexikon V, 1495.

[3] Dies erfahren wir aus einer Abhandlung, die Dr. Konrad Braun, damals Rath des Würzburger Bischofs, für diesen Prälaten verfasste. Handschriftlich in der Münchener Staatsbibliothek, Clm. 1941. Das Widmungsschreiben Brauns an Bischof Konrad ist datirt aus Würzburg, 24. December 1526. Hier der Anfang der kirchenrechtlichen Abhandlung: „De quinquennali visitatione omnium et singulorum monasteriorum in dioecesi Herbipolensi ... R. Episcopo Conrado in litteris apostolicis commissa ... tractaturus ..."

tation betraut wurden, gehörte auch Usingen, wie die Predigten beweisen, die er bei dieser Gelegenheit in verschiedenen Klöstern gehalten hat[1]. Es ist sehr zu bedauern, dass diese Vorträge, die im vorigen Jahrhundert im Würzburger Augustinerkloster noch vorhanden waren, seitdem verloren gegangen sind. Wir hätten daraus ersehen können, mit welchem Ernste der eifrige Ordensmann die Pflichten des religiösen Lebens aufgefasst hat. Die zahlreichen Predigten, die er vor dem Volke hielt und wovon im vorigen Jahrhundert noch mehrere Bände zu Würzburg verwahrt wurden[2], sind ebenfalls bei Aufhebung der Klöster verschleudert worden. Indes die blosse Nachricht vom frühern Vorhandensein dieser handschriftlichen Schätze genügt schon, um uns von der unermüdlichen Thätigkeit des eifrigen Predigers einen Begriff zu geben.

Doch war es ihm nicht genug, bloss als Prediger zu wirken; auch als Schriftsteller fuhr er fort, den alten Glauben gegen die Angriffe der Neuerer in Schutz zu nehmen. Und dass er hierbei recht gründlich zu Werke ging, bezeugen seine handschriftlichen Aufzeichnungen, „die einen Einblick in seine reiche wissenschaftliche Thätigkeit gewähren"[3]. Diese Aufzeichnungen, die einen ziemlich grossen Band anfüllen und heute auf der Würzburger Universitätsbibliothek bewahrt werden[4], sind grösstentheils Auszüge aus den verschiedenen Werken, die Usingen gelesen hat. Hieraus ersehen wir, dass die gegnerischen Schriften ihm nicht unbekannt waren; er las fleissig Luther, Carlstadt, Zwingli, Oekolampad, Capito, Wenzeslaus Link und andere. Auch den Schriften der katholischen Vorkämpfer schenkte er eine grosse Aufmerksamkeit. In dem erwähnten Bande findet man zahlreiche Auszüge aus

---

[1] „Ipsum Bartholomaeum Usingen in visitatione omnium Coenobiorum dioecesis Herbipolensis adhibitum fuisse, sermones propria ipsius manu conscripti et Herbipoli extantes testantur" (Höhn p. 171).

[2] Vgl. Höhn p. 168 sq.

[3] Kolde, Augustinercongregation S. 394, Note 2.

[4] Vgl. Schriften Nr. 24.

Eck, Dietenberger, Schatzger, Cochläus, Emser, Duchstab, Wulffer. Auf diese Weise suchte der greise Ordensmann seine Kenntnisse stets zu erweitern, um den wahren Glauben desto wirksamer vertheidigen zu können.

Trotz seines hohen Alters verfasste er noch in Würzburg eine ganze Reihe von apologetischen Schriften. Seine treffliche Abhandlung über den Glauben und die guten Werke, die er 1526 herausgab und bald nachher in zweiter, vermehrter Auflage erscheinen liess, ist schon oben erwähnt worden. Im Jahre 1527 veröffentlichte er eine Schrift über das Fegfeuer und das Gebot für die Abgestorbenen[1].

Die Menschen, so führt der Verfasser aus, können bei ihrem Tode in einem dreifachen Zustande sich befinden. Entweder sind sie ganz rein, ohne jedwede Schuld — dann werden sie sofort in den Himmel aufgenommen; oder sie sind mit schweren Sünden beladen — dann werden sie für immer in die Hölle verstossen. Haben sie indes nur lässliche Sünden auf dem Gewissen, so kommen sie in das Fegfeuer; dasselbe Los trifft jene, die noch zeitliche Strafen für begangene Todsünden abzubüssen haben. Denn wenn auch Gott dem reumüthigen Todsünder aus Gnade die Sündenschuld und die ewige Höllenstrafe nachlässt, so enthebt er ihn doch gewöhnlich nicht zugleich auch der zeitlichen Strafen, die der Mensch zu erstehen fähig ist. Christus hat allerdings vollkommen für uns genuggethan; doch will er, dass wir selbst für unsere Sünden auch etwas leiden; daher die zeitlichen Strafen, die gewöhnlich nach Vergebung der Sünden noch zurückbleiben und die entweder hier auf Erden oder im Fegfeuer abgetragen werden müssen. Da aber die armen Seelen im Reinigungsorte Glieder der Kirche bleiben, Kinder der grossen Gottesfamilie, so können wir ihnen, infolge der Gemeinschaft der Heiligen, mit Gebet und guten Werken zu Hilfe kommen, und wir sollen es auch, ebenso wie wir verpflichtet

---

[1] Schriften Nr. 19.

sind, unsern noch lebenden Mitmenschen in der Noth beizustehen.

In dieser Abhandlung tritt Usingen zum erstenmal direct gegen Luther auf. In seinen frühern Schriften hatte er wohl öfters die lutherischen Grundsätze scharf bekämpft, doch hatte er sich immer nur mit seinen persönlichen Gegnern, nie mit Luther selber beschäftigt. Jetzt aber, wo er keine persönlichen Gegner mehr vor sich hat, richtet er sein Augenmerk auf die eigenen Schriften des Wittenbergers. Luthers Widersprüche bezüglich des Fegfeuors sowie dessen Angriffe auf die katholische Lehre werden im vorerwähnten Werke eingehend behandelt.

Noch nachdrücklicher bekämpft Usingen seinen frühern Schüler in der Schrift über die Anrufung der Heiligen[1]. Diese Abhandlung, die 1528 erschien, zerfällt in zwei Theile, wovon der erste die katholische Lehre darlegt, während der zweite ausschliesslich der Widerlegung einer Predigt Luthers gewidmet ist.

Wie alle katholischen Theologen, lehrt auch unser Augustiner, dass durch die Heiligenverehrung die Ehre, die wir Christo schulden, keineswegs beeinträchtigt werde. Christus allein sei ein Mittler der Erlösung, die Heiligen dagegen seien nur Mittler der Fürbitte. Sie selbst können uns die Gnade nicht mittheilen, doch können sie uns dieselbe von Gott erlangen[2]. In diesem Sinne müsse man auch einige kirchliche Hymnen verstehen, in denen die Heiligen als Helfer und Gnadenspender angerufen werden[3]. Aber warum denn

---

[1] Schriften Nr. 20.

[2] „Licet non sint largitores gratiae et gloriae, sunt tamen impetratores ejus" (F b).

[3] „Non oramus aliquem sanctum, ut misereatur nostri, ut dimittat nobis debita nostra; sed petimus, ut oret pro nobis Deum, ut ille misereatur nostri, det nobis gratiam. Quare multa in Canticis ecclesiasticis pie interpretanda sunt, similiter in sacris literis, in quibus illa quae per alios Deus facit, bi tanquam adjutores Dei facere dicuntur. Sic in cantico Ave maris stella: Solve vincla reis etc., et in cantico Alma Redemptoris mater: Peccatorum miserere, haec a Virgine petimus, non

sich an die Heiligen wenden?" sagten die Neuerer. Warum nicht direct zu Christus gehen, der doch die Barmherzigkeit selber ist? — Es sei niemandem verwehrt, antwortete Usingen, sich unmittelbar an Christus zu wenden; doch könne man auch seine Zuflucht zu den Heiligen nehmen, damit sie bei Gott für uns eintreten. Sollte eine solche Anrufung unstatthaft sein, so dürften wir ja auch hier auf Erden andere Gläubige nicht ersuchen, für uns zu beten. Und man sage nicht, dass man durch die Anrufung der Heiligen Misstrauen gegen Gott bekunde. Nicht der Mangel an Vertrauen zu Gott, sondern lediglich das Misstrauen gegen die Würdigkeit der eigenen Gebete bestimmt uns, die Heiligen um ihre Fürbitte anzurufen. Hierbei gründet sich schliesslich unser Vertrauen nicht auf die Heiligen, sondern auf Gott, an den wir durch die Heiligen unsere Bitte richten [1].

Nach diesen Ausführungen wendet sich Usingen gegen Luthers Predigt „von der Geburt Mariä" [2]. In dieser Predigt, die er im Jahre 1522 hielt, hatte der Wittenberger gelehrt, die Mutter Gottes solle „recht" geehrt werden; leider sei das Volk „also tief in die Ehr gerathen", dass Maria viel höher geehrt werde, als recht ist; dadurch sei Christus „in das Finstere gesetzt und ganz vergessen worden". Noch mehr! „Pfaffen und Mönche haben Maria so hoch erhoben, dass sie uns eine Göttin nach Art der Heiden aus dieser demüthigen Dienerin gemacht haben" [3]

---

ut ipsa ea conferat, sed suis precibus impetret. Quo liquet canticum Ecclesiae antiquo usu recepta non esse explodenda, sed reverenter et pie interpretanda" (F b, F 2 a).

[1] „Nullam injuriam Deo facit, qui secundum temporis ordinem sanctos prius invocat quam Deum, sed suam humilitatem ostendit et reverentiam Deo exhibet ... Deum finem ponit suae confidentiae, non sanctos, per quos Deum adit, quos Deus dedit nobis mediatores intercessionis, ut per eos ipsum adeamus" (F 2 b).

[2] Ain Sermon von der Geburt Marie der muter gotes, wie sy uund die hailigen sollen geert werden von ainem jegklichen Christenmenschen. D. Martin Luther. Ohne Ort. 1523.

[3] Sermon. A b.

Lauter Lügen und Verleumdungen! erwiderte Usingen. Es sei nicht wahr, dass die Mutter Gottes zu viel verehrt werde, dass Christus vergessen worden sei, dass man aus der allerseligsten Jungfrau eine Göttin gemacht habe. „Wenn du ein christliches Herz im Busen trägst," ruft der Augustiner seinem frühern Ordensgenossen zu, „warum verleumdest du dann deinen Nächsten? Siehe zu, dass du nicht aus Hass gegen die Geistlichen und Mönche alle Gläubigen lästerst, indem du ihnen vorwirfst, dass sie, wie die Heiden, aus einer einfachen Creatur eine Göttin machen. Kein einziger Katholik sieht Maria als eine Göttin an; denn dies hiesse der Mutter Gottes keine Ehre, sondern eine Unehre anthun, wie jedermann, der bei Sinnen ist, begreifen kann."

In derselben Predigt hatte Luther behauptet, dass man infolge der Heiligenverehrung die Werke der Nächstenliebe vernachlässige. Die Unterstützung der Armen sei „bisher ganz darniedergelegen"[1]. Statt dessen habe man viel Geld für die Kirchen verschwendet. „Es ist dahin gekommen, dass schier alle Winkel mit Kirchen besetzt sind. Was bedürfen doch dieser Häuser die Heiligen im Himmel? Seht, mit diesem Gut hätte mancher armen Jungfrau im heiligen ehelichen Stande versehen, manchem Knaben zu Ehren geholfen werden können, da sonst Huren und Buben, Diebe und Schalke daraus geworden sind."[2]

Solchen Anklagen gegenüber konnte Usingen hervorheben, dass die Katholiken die Armen keineswegs vernachlässigen, während die neue Lehre von der Rechtfertigung allein durch den Glauben und von der Verdienstlosigkeit der guten Werke bereits den Verfall des charitativen Lebens herbeigeführt habe. Der katholische Polemiker gibt dann gern zu, dass die Heiligen im Himmel hier auf Erden keine Häuser brauchen. Soll man aber deswegen, frägt er mit Recht, die

---

[1] In seinen andern Schriften spricht Luther unzähligemal von der grossen Mildthätigkeit, die unter dem Papsttum geherrscht habe. Vgl. Janssen II, 303 ff.   [2] Sermon. A 2 b.

Kirchen dem Boden gleich machen? Auch Gott bedarf keiner Tempel. Folgt aber daraus, dass man zu Ehren des Allerhöchsten nichts thun solle? Mit seinen Trugschlüssen hoffte indes Luther das gemeine Volk auf seine Seite zu bringen.

Luther hatte auch verschiedene kirchliche Antiphonen als gotteslästerlich hingestellt. Man habe, sagte er, „die Creatur zu einem Gott und Schöpfer gemacht. Seht nur, was das für Worte sind, die wir der heiligen Jungfrau Maria zulegen im Salve Regina. Wer will das verantworten, dass sie unser Leben, unser Trost, unsere Süssigkeit sein soll? Desgleichen ist es mit dem Regina coeli, welches nicht besser ist, da man sie eine Königin des Himmels nennt. Ist das nicht eine Unehr Christo gethan, dass einer Creatur zugelegt wird, was allein Gott gebührt?"[1]

Warum sollten wir aber, erwiderte Usingen, die Mutter des göttlichen Heilandes nicht als Königin des Himmels bezeichnen dürfen, da doch auch die Mütter der irdischen Könige Königinnen genannt werden? Und wenn wir Maria als unser Leben, unsern Trost, unsere Hoffnung anrufen, so wollen wir ja hiermit keineswegs sagen, dass Maria aus sich selbst die Gnade uns mittheile. Sie heisst unser Leben, weil sie uns durch ihre Fürbitte das Leben der Gnade von Gott erlangt, daher sie auch Mutter der Gnade und der Barmherzigkeit genannt wird. Zudem rufen wir sie an als unsere Hoffnung, unsere Mittlerin, unsere Fürsprecherin, weil wir hoffen, dass sie bei ihrem göttlichen Sohne ihr fürbittendes Mittleramt für uns ausüben werde[2].

Luther gab übrigens selbst zu, dass Maria für uns bitte. „Gern will ich haben," hatte er gepredigt, „dass sie für mich bitte; aber dass sie mein Trost und Leben sei, will ich nicht, und dein Gebet ist mir ebenso lieb als das

---

[1] Sermon. A 3 b.
[2] „Dicitur vita nostra, quia impetrat nobis illam, propter quod mater gratiae dicitur et misericordiae. Dicitur spes nostra, in quam speramus tanquam in intervenitricem nostram quae nobis suam intercessionem non negabit" (K 3).

ihre. Wenn du glaubst, dass Christus ebensowohl in dir als in ihr wohne, kannst du mir ebensowohl helfen als sie."[1]

„O verabscheuungswürdige Gottlosigkeit!" ruft hierzu Usingen aus. „Sollte denn die Fürbitte der hochgebenedeiten Jungfrau nicht kräftiger sein als das Gebet irgend eines Gläubigen?"

Immerhin bleibt es merkwürdig, dass Luther noch im Jahre 1522 die Fürbitte der Mutter Gottes anerkannte. Er kommt in seiner Predigt mehrmals auf diesen Punkt zurück. Man solle zwar die Mutter Gottes ehren, erklärt er, „aber dass wir sie zu einer Göttin, ja Abgöttin machen sollen, wie Mönche und Pfaffen fürgeben, das wollen wir gar nicht thun. Für eine Fürsprecherin wollen wir sie nicht haben, für eine Fürbitterin wollen wir sie haben, als auch die andern Heiligen"[2].

Wenn man die Mutter Gottes als eine Fürbitterin verehren darf, antwortete Usingen, so könne man sie auch eine Fürsprecherin nennen, da im Grunde genommen diese zwei Ausdrücke gleichbedeutend seien. Dann frägt er den Gegner: „Wenn du zugibst, dass die Mutter Gottes und die Heiligen für uns bitten, warum lehren dann deine Schüler das Gegentheil? Da sieht man wieder, wie die Ketzer immer unter sich uneins sind."

„O kehre doch wieder zur Arche zurück!" ruft am Schlusse der greise Ordensmann seinem frühern Schüler zu. „Als ein Rabe bist du ausgeflogen; kehre zurück, da es noch Zeit ist, damit du nicht eine Beute der Raben werdest. Komme und werde wieder eine Taube! Schliesse dich wieder der Mutter an, die dich Christo geboren. Siehe, wie manche Aergernisse durch dich in ganz Deutschland entstanden sind! Bedenke doch, was der Heiland gesagt: Wehe dem Menschen, durch welchen Aergerniss kommt! Denke an das Unheil, das deine Irrlehre in unserem Deutschland schon angerichtet. Aber vielleicht wirst du sagen: Ich habe ein Weib genommen,

---

[1] Sermon. A 8 b.   [2] Sermon. A 4 b.

ich kann nicht kommen. So ist es, leider! Früher, als du noch nicht verheiratet warest, habe ich immer noch gute Hoffnung gehabt; jetzt aber würde ich die Hoffnung gänzlich aufgeben, wenn ich nicht wüsste, dass Gott auch aus Steinen Söhne Abrahams erwecken könne."

Aufs neue beschäftigt sich Usingen mit Luther in einer Schrift, die er 1520 gegen die Wiedertäufer veröffentlichte[1]. Zuerst widerlegt der Augustiner die irrigen Anschauungen der Sectirer, insbesondere die Verwerfung der Kindertaufe, die Gemeinschaft der Güter und Weiber, die Ansicht, dass Christus nicht wahrer Gott sei, dass unter den Christen keine Obrigkeit bestehen solle, und andere gefährliche Irrlehren. Dann wendet er seine Aufmerksamkeit einer Schrift zu, die Luther Anfang 1528 gegen die Wiedertäufer geschrieben hatte[2]. Usingen sucht nachzuweisen, dass die moisten von Luther vorgebrachten Gründe, statt die Wiedertäufer zu treffen, sich gegen ihn selber richteten.

So hatte zum Beispiel der Wittenberger auf das hohe Alter der Kindertaufe hingewiesen. „Wäre die Kindertaufe nicht recht," hatte er gesagt, „fürwahr, Gott hätte es so lange nicht hingehen lassen, auch nicht so gemein in aller Christenheit durch und durch halten lassen. Wo die Kindertaufe nicht recht wäre, so würde folgen, dass länger denn in tausend Jahren keine Taufe und keine Christenheit gewesen wäre, was unmöglich ist; denn damit würde der Artikel des Glaubens falsch sein: Ich glaube eine heilige christliche Kirche; denn über tausend Jahre fast eitel Kindertaufe gewesen ist."[3] Dem gegenüber konnte dem Neuerer mit Recht vorgehalten werden, warum er dann andere katholische Lehren und Einrichtungen verwerfe, die ebensolang als die Kindertaufe in der Christenheit allgemein bestanden hätten. „Du sprichst viel", entgegnete ihm Usingen, „von den tausend Jahren, während welcher die Kindertaufe in Uebung gewesen. Aber der

---

[1] Schriften Nr. 21.
[2] Von der Wiedertaufe, an zwei Pfarrherren. Sämtliche Werke XXVI, 254 ff. [3] A. a. O. S. 285, 287.

Primat des römischen Bischofes ist noch viel früher allgemein anerkannt worden." Warum also die päpstliche Autorität so verunglimpfen?

Am Anfange hatte Luther im Gegensatze zu den katholischen Polemikern öfters behauptet, man dürfe nichts glauben oder annehmen, was nicht ausdrücklich in der Schrift enthalten sei. Jetzt, wo bezüglich der Kindertaufe der biblische Text ihn im Stiche liess, war er bereit, einen alten Gebrauch als *rechtmässig* anzuerkennen, im Falle, „dass die Schrift nicht dawider sei"[1]. Wie leicht konnte aber eine solche Erklärung gegen den Neuerer selbst verwerthet werden!

Noch besser wird von Usingen ein anderes Geständniss seines Gegners ausgenützt. Den Wiedertäufern gegenüber, welche die Kindertaufe als einen „papistischen" Missbrauch verdammten, erklärte Luther: „Wir bekennen, dass unter dem Papstthum viel christliches Gut, ja alles christliche Gut sei und auch daselbst hergekommen sei an uns; nämlich wir bekennen, dass im Papstthum die rechte heilige Schrift sei, rechte Taufe, rechtes Sacrament des Altars, rechte Schlüssel zur Vergebung der Sünden, recht Predigtamt, rechter Katechismus, als die zehn Gebote, die Artikel des Glaubens, das Vater Unser ... Ich sage, dass **unter dem Papste die rechte Christenheit ist**, ja der rechte Ausbund der Christenheit und viel frommer grosser Heiligen."[2] — Warum aber dann, frägt unser Augustiner, die katholische Kirche so leidenschaftlich bekämpfen?

Trotz jenes auffallenden Zugeständnisses hatte Luther seinem Hasse gegen das Papstthum freien Lauf gelassen. Nicht nur hatte er den Papst, den „rechten Endechrist", mit Schmähungen überhäuft[3], er hatte auch die Katholiken den Wieder-

---

[1] A. a. O. S. 255 f.   [2] A. a. O. S. 257 f.
[3] A. a. O. S. 256. Auf diese Schmähungen erwiderte Usingen: „Papatus stabilitus est per multa saecula habetque fundamentum suum in Scriptura, ut antea mecum probaverunt eruditi multi... Papatus cum Papa remanebunt, quando tu cum tuis cum perfidia vestra in malam crucem ibitis. Ecclesia catholica insultus haereticorum passa est hactenus plurimos, sed praevaluit semper et praevalebit, quia portae inferi non praevalebunt adversus eam" (E 8 a).

täufern beigezählt. „Ihr seid zum Theil auch selber Wiedertäufer, denn viele der Euern taufen wiederum lateinisch die, so deutsch getauft sind; wie denn neulich der grobe Kopf von Leipzig zu Mühlhausen auch gethan hat." [1]

Dieser „grobe Kopf von Leipzig" ist niemand anderes als der Leipziger Professor und Prediger Hieronymus Dungersheim von Ochsenfurt. Nach der Niederlage der Bauern zu Frankenhausen (1525) war er von Herzog Georg nach Mühlhausen gesandt worden, um die aufgeregten Gemüther zu beruhigen [2]. Bei dieser Gelegenheit hatte er mehrere Kinder getauft, die von Thomas Münzer, der eine neue Taufformel eingeführt hatte, ungiltig getauft worden waren. „Es kann denn auch", hält Usingen dem Wittenberger vor, „von einer Wiedertaufe hier keine Rede sein, da die Kinder noch gar nicht giltig getauft waren. Diesen Umstand verschweigst du aber und stellst die Sache so dar, als hätte man die Taufe bloss deswegen für ungiltig gehalten, weil sie in deutscher Sprache gespendet worden. Auf diese Weise suchst du das einfältige Volk zu täuschen, was wohl ein Detrüger, aber kein Ehrenmann thun kann. Dem frommen und gelehrten Dr. Hieronymus werden übrigens deine Schmähungen nicht schaden können."

Obwohl Luther die Wiedertäufer scharf bekämpfte, so hatte er doch im Eingange seiner Schrift die Verfolgung der Sectirer missbilligt. „Es ist nicht recht und ist mir wahrlich leid, dass man solche elende Leute so jämmerlich ermordet, verbrennet und greulich umbringt. Man sollte ja einen jeglichen glauben lassen, was er wolle. Glaubt er unrecht, so hat er genug Strafen an dem ewigen Feuer in der Hölle. Warum will man sie denn noch zeitlich martern, sofern sie allein im Glauben irren und nicht auch daneben aufrührerisch sind oder sonst der Oberkeit widerstreben?" [3]

„Weil du auch zu den Ketzern gehörst," erwiderte hierauf Usingen, „ja ihr Hauptanführer bist, deshalb hältst du die

---

[1] A. a. O. S. 256.   [2] Vgl. Kirchenlexikon IV, 14.   [3] A. a. O. S. 256.

Ketzerstrafen für ungerecht und gottlos. Willst du indes ein Klagelied anstimmen, so klage über die hunderttausend Bauern, die vor einigen Jahren innerhalb dreier Monate wegen deiner Lehre ermordet worden sind, nicht zu reden von den Wittwen und Waisen, die inzwischen vor Hunger und Elend umgekommen. Dieses Unheils Haupturheber bist du selber, du magst noch so sehr dies abzuläugnen suchen." Warum sollte man übrigens die Ketzer nicht strafen, da doch Gott selbst in der Heiligen Schrift (5 Mos. 13) die falschen Propheten zu steinigen befehle? Zwar solle man den Juden und Heiden gestatten, zu glauben, was sie wollen. Was jedoch die Christen betreffe, so seien sie zum Glauben, zu dem sie sich in der Taufe bekannt, mit Gewalt anzuhalten. Zeigen sie sich hierin widerspänstig, so mögen sie dafür gestraft werden [1].

Nur kurze Zeit noch, und Luther, der doch im Namen der Gewissensfreiheit gegen die Kirche sich aufgelehnt hatte, wird nicht weniger unduldsam sich zeigen, als der katholische Ordensmann. In der Erklärung des 82. Psalms, vom Jahre 1530, behandelt der Wittenberger sehr eingehend die Frage, „ob die Obrigkeit den widerwärtigen Lehren oder Ketzereien wehren und sie strafen solle". Es gebe zweierlei Ketzer, lehrt er: zuerst jene, die aufrührerisch sind, wie die Wiedertäufer; diese seien ohne allen Zweifel zu strafen. Dann gebe es auch Ketzer, „die lehren wider einen öffentlichen Artikel des Glaubens, der klärlich in der Schrift gegründet und in aller Welt geglaubet ist von der ganzen Christenheit, gleichwie die, so man die Kinder lehret im Credo, als wo jemand lehren wollte, dass Christus nicht Gott sei, sondern ein einfacher Mensch. Die soll man auch nicht leiden, sondern als die öffentlichen Lästerer strafen. Moses in seinem Gesetz gebietet, solche Lästerer, ja alle falschen Lehrer zu steinigen. Also soll man hier auch nicht viel Disputirens

---

[1] „Dico ethnicos et judaeos suo arbitrio relinquendos, ut quae velint, credant; non sic autem Christo baptismate incorporatos, qui ad fidem, quam semel professi sunt in lavacro regenerationis, compellendi sunt. In quos, si parere et obedire noluerunt, animadversio locum habebit" (E 4 a).

machen, sondern auch unerhört und unverantwortet verdammen
solche öffentliche Lästerung". Predigten, welche die Einheit
des Glaubens zerstören würden, fährt Luther fort, seien
nicht zu dulden, noch viel weniger Winkelpredigten und heim-
liche Ceremonien. Die Bürger seien schuldig, solche Winkel-
schleicher der Obrigkeit und den Pfarrherren anzuzeigen. „Will
jemand predigen oder lehren, so beweise er den Beruf und
den Befehl, der ihn darzu treibet und zwinget, oder schweige
still. Will er nicht, so befehle die Obrigkeit solchen Buben
dem rechten Meister, der Meister Hans heisset" (Henker)[1].

So Luther, der bei Beginn der kirchlichen Revolution
erklärt hatte: „Ketzer verbrennen sei eine Sünde wider den
Heiligen Geist."

Aehnliche Widersprüche kann man auch bei den andern
Neuerern wahrnehmen. Luthers Freund, der schwäbische Prädicant Johann Brenz, hatte im Jahre 1528 zu Gunsten der
Wiedertäufer eine eigene Schrift veröffentlicht, worin er nachzuweisen suchte, dass die weltliche Obrigkeit „Unglauben
und Ketzerei" nicht strafen dürfe. Später machte derselbe
Mann der weltlichen Obrigkeit zur Pflicht, die Ketzerei streng
zu strafen, da der Abfall von der wahren Religion ein viel
grösseres Verbrechen sei als Diebstahl, Raub, Mord und
Ehebruch. Aber, so frägt er sich selber, ist es denn keine
Gewissensbedrängung, so man „die Schwärmer, Wiedertäufer
oder Irrigen strafe, die ihr Ding nicht weniger als wir das
unsere für recht, christlich und dem Gotteswort gemäss halten"?
Nein, erwidert der protestantische Prediger, das ist keine Gewissensbedrängung. Denn „wo ein Gewissen sein soll, da
muss zuvor ein Wissen sein, kann aber keines sein ohne die
Wahrheit. Darum haben alle, die durch des Teufels Betrug
irrig in Lügen und Verführung wandeln, eigentlich zu reden,
kein Gewissen als allein ein falsches, gestümpeltes, wie die
falsche Münze nicht Münze, ein gemalter Mann nicht ein Mann
ist. Wenn der Glaube hinweg ist, da ist Herz, Verstand und

[1] Sämtliche Werke XXXIX, 250 ff.

Wahrheit auch hin; darum handelt man nicht wider die Gewissen, so man wider solche Leute handelt. Wo der Glaube weg ist, da darf man kein Gewissen mehr suchen oder achten. Es gilt keines Verschonens, wo kein Glaube ist. Wenn daher die Obrigkeit falsche Lehre verbietet, die Verführer straft und also Gott zu Dienst die Wahrheit fördert, so thut sie nichts zur Beschwerung der Gewissen, dringt auch niemand, wider sein Gewissen zu thun, sondern arbeitet dahin, dass dieselben rechte, gute Gewissen überkommen, das Brandmal der Bestie ablegen und zur Wahrheit gelangen." [1]

Man kann es unserem Augustiner nicht verargen, wenn er dies widerspruchsvolle Benehmen der Neuerer nicht ungerügt liess. „Am Anfang," sagt er einmal, „lehrten sie, man solle niemand zum Glauben zwingen, man solle einem jeden gestatten, zu glauben, was er wolle; jetzt aber fordern sie die weltliche Obrigkeit auf, die Katholiken zu nöthigen, ihrem althergebrachten Glauben zu entsagen, um die neue, gottlose Irrlehre anzunehmen." [2]

Die Schrift, welche diese Aeusserung enthält, erschien erst nach dem Tode des Verfassers [3]; es ist eine kurze, ziemlich unbedeutende Abhandlung über die lutherische Kirche, welche hier als das Reich des Satans dargestellt wird. Mehrere andere Schriften, die Usingen um dieselbe Zeit verfasste, blieben ungedruckt, so namentlich ein „ausgezeichnetes" Werk

---

[1] Vgl. meinen Aufsatz in den Histor.-polit. Blättern 1892 II, 85 f.

[2] Auch in protestantischen Kreisen war man von diesem widerspruchsvollen Benehmen nicht recht erbaut. In einem von Butzer verfassten Dialog sagt ein Protestant, dem der neue Glaubenszwang nicht recht gefallen wollte: „Es hat doch Luther und andere eures Theils im Anfang auch geschrieben, man solle die Ketzer mit dem Worte Gottes bekehren und nicht mit dem Schwerte." Hierauf erwiderte Butzer: „Lieber, lies du, was Dr. Luther hiervon schreibt über den 82. Psalm!" — „Ja," entgegnet der andere, „man sagt aber, dass diese Leute, so sie nun meinen, sie seien gesprungen und dürfen sich jetzt der Ketzerstrafen nicht mehr besorgen, das Blatt nun wenden wollen." Vgl. meinen Aufsatz: Martin Butzer und die Gewissensfreiheit, im „Katholik" 1891 II, 64.   [3] Schriften Nr. 22.

über die heilige Messe¹, das leider abhanden gekommen. Dagegen verwahrt heute noch die Würzburger Universitätsbibliothek eine Schrift Usingens über die sieben heiligen Sacramente². Da der Augustiner auch hier die allbekannte katholische Lehre wiedergibt³, so ist es unnöthig, die gehaltvolle Abhandlung weitläufig zu besprechen; es möge bloss die eine oder die andere Ausführung hervorgehoben werden.

Die Sacramente werden von Usingen bestimmt als „sinnliche und kräftige Zeichen der unsichtbaren Gnade"⁴. Sie werden kräftige Zeichen genannt, weil durch dieselben die Gnade uns mitgetheilt wird⁵. Ihre Kraft und Wirksamkeit verdanken jedoch die Sacramente nicht ihrer eigenen Natur, noch dem Glauben und den frommen Gesinnungen des Spenders oder des Empfängers, sondern nur der Einsetzung durch Jesus Christus⁶. Gott selber ist es, der die Gnaden, die uns Christus verdient hat, vermittelst der Sacramente uns mit-

---

¹ „Opus insigne de missa stabilienda" (Höhn p. 169).
² Schriften Nr. 23.
³ In der Vorrede erklärt der Verfasser: „Adhaerebo autem ipse in hoc libello, quemadmodum in quolibet alio hactenus fecerarn et semper deinceps faciam, doctrinae catholicae, a qua si quovis modo me aberrare vel non plene attingere contigerit — quia homo sum, cujus est humana pati —, libenter et humiliter mea subjiciam emendanda his quorum interest errantes in viam reducere."
⁴ „Sacramentum est signum sensibile effectivum gratiae insensibilis" (fol. 9 b).
⁵ „Dicitur effectivum gratiae, hoc est aliquo modo causa sui signati ex pactione divina, ut ablutio baptismatis est causa gratiae non quidem ex natura propria, sed ex pactione divina, quia ordinavit Deus se illi ablutioni velle assistere et ad exhibitionem ejus gratiam in suscipiente operari" (5 b). Usingen hält es also mit den Theologen, insbesondere mit den Scotisten, die eine moralische Wirksamkeit der Sacramente lehren, nicht mit den Thomisten, die eine physische Wirksamkeit befürworten. Vgl. über diese Frage Franzelin, Tractatus de Sacramentis in genere, Romae 1878, p. 104 sqq.
⁶ „Sacramenta sua efficaciam habent ab instituente Christo, tanquam a causa agente principali, et a passione Christi, tanquam a causa meritoria, et non a ministrante" (Nr. 21, C 5 b).

theilt¹. Wohl müssen die erwachsenen Christen, um der segensreichen Wirkung der Sacramente theilhaftig zu werden, auf deren Empfang sich würdig vorbereiten; vor allem müsse bei diesem Empfange der Glaube sich bethätigen². Doch ist es nicht diese Vorbereitung, welche den Sacramenten ihre Kraft verleiht; ebensowenig wird durch diese vorbereitende Thätigkeit die Gnade, die uns durch die Sacramente mitgetheilt wird, verdient³. Die Vorbereitung hat bloss zum Zwecke, die Hindernisse hinwegzuräumen, welche der Mittheilung der göttlichen Gnade hemmend entgegentreten würden. Wo solche Hindernisse nicht vorhanden sind, da wirkt das Sacrament ex opere operato, d. h. vermöge seines Characters als ein von Christus zu unserem Heil eingesetztes Zeichen⁴.

Was nun die einzelnen Sacramente anlangt, so ist über die Taufe, die Firmung, die letzte Oelung, die Ehe und die Priesterweihe aus Usingens Schrift nichts Besonderes hervor-

¹ „Sacramenta efficaciam suam habent a duplici causa, principali scilicet et meritoria. Principalis causa est Deus, qui creator et dator est gratiae. Meritoria causa est passio Christi" (Nr. 25, fol. 10 b).

² „Sacramenta sunt fontes Salvatoris, quorum haustrum est fides catholica, sine qua nihil hauritur de illis, cum absque illa impossibile sit placere Deo" (Vorrede).

³ „Sacramentum gratiam confert ex opere operato, quia ad exhibitionem ejus, remoto obice, confertur gratia absque requisitione boni motus interni in suscipiente, quo de congruo mereatur gratiam vel de condigno augmentum ejus" (8 a). Da mehrere vorreformatorische Theologen, namentlich Scotus und Gabriel Biel, fast in demselben Ausdrücken gelehrt hatten, dass zum segensreichen Empfange der Sacramente fromme Gesinnungen, wodurch die Gnade verdient würde, nicht vonnöthen seien, so haben die Neuerer die Katholiken beschuldigt, gelehrt zu haben, dass zum segensreichen Empfange der Sacramente, auch für die Erwachsenen, keinerlei fromme Gesinnungen erfordert wären. So etwas hat jedoch kein einziger Theologe behauptet. Eine vorbereitende Thätigkeit zum Wegräumen der Hindernisse haben alle gefordert. Vgl. hierüber die trefflichen Ausführungen bei Franzelin p. 67 sqq.

⁴ „Sacramenta veteris legis ex opere operante per modum meriti et non vi sacramenti contulerunt gratiam. Sed sacramenta novae legis conferunt gratiam ex opere operato, si non ponitur obex a suscipiente" (8 b).

zuheben. Interessanter sind die Erörterungen über das allerheiligste Altarsacrament, das, als „Mittelpunkt der katholischen Frömmigkeit", am meisten den Angriffen der Neuerer ausgesetzt war [1]. Infolge dieser Angriffe, klagt der Verfasser, sei auch unter den Katholiken die Ehrfurcht gegen das hochheilige Geheimniss geringer geworden. Vor dem Ausbruch der religiösen Wirren habe das Volk eine wunderbare Andacht beim heiligen Messopfer an den Tag gelegt [2]. Jetzt wollen einige vor der österlichen Communion nicht einmal mehr beichten. Sie erscheinen zwar noch vor dem Priester, um die Absolution zu empfangen, oder, wie sie sagen, um Trostworte zu vernehmen; aber von der Beichte wollen sie nichts mehr wissen. „Wir haben unsere Sünden Gott gebeichtet", erklären sie [3].

Gegen Luther, der für diese Abnahme der katholischen Andacht verantwortlich gemacht wird, wendet sich hier Usingen wieder in einer längern Auseinandersetzung. In seiner Schrift über die „Babylonische Gefangenschaft" hatte der Wittenberger auch die Lehre von der Transsubstantiation angegriffen [4]. Usingen sucht nun die gegnerischen Ausführungen eingehend zu widerlegen. Luther hatte sich unter anderem auf den Cardinal Petrus von Ailly berufen [5]. Letzterer hatte in seinem Commentar zum Lombarden gelehrt, dass weniger Schwierigkeiten für die Vernunft vorhanden wären, wenn man annehmen würde, dass bei der Consecration nicht bloss die Gestalten, sondern auch die Wesenheit des Brodes

---

[1] „Omnis devotio Ecclesiae est in ordine ad hoc sacramentum... Quam devotionem hoc tempore Satanas laborat extinguere" (34 a).

[2] „Erat antehac populo mira devotio ad officium missae" (Nr. 20, A 2 b).

[3] Nr. 28, fol. 27 a. [4] Opera latina V, 19—85.

[5] „Dedit mihi quondam, cum theologiam scholasticam haurirem, occasionem cogitandi D. Card. Cameracensis libr. sent. 4 acutissime disputans: Multo probabilius esse et minus superfluorum miraculorum poni, si in altari verus panis verumque vinum, non autem sola accidentia esse astruerentur, nisi Ecclesia determinasset contrarium. Postea videns quae esset Ecclesia, quae hoc determinasset, nempe Thomistica, h. e. Aristotelica, audacior factus sum" (l. c. p. 29).

und des Weines zurückbleiben würde. Christus könnte ja zugleich mit dem Brode gegenwärtig sein, ebenso wie er unter den Gestalten des Brodes gegenwärtig ist [1]. Doch hatte der katholische Theologe hinzugefügt, dass auch die Lehre von der Transsubstantiation nicht gegen die Vernunft sei; zudem hatte er ausdrücklich erklärt, dass er diese Lehre wegen der Entscheidung der Kirche annehme [2]. Usingen kann nicht umhin, diese demüthige Unterwerfung der Auflehnung Luthers gegenüberzustellen. „Sieh!" ruft er aus, „ein so berühmter Lehrer unterwirft sich demüthig dem Urtheile der Kirche; Luther dagegen ergeht sich in Schmähungen, indem er behauptet, es sei die thomistische Kirche gewesen, die das Dogma

---

[1] „Valde possibile est substantiam panis coexistere substantiae corporis Christi... Ille modus est possibilis nec repugnat rationi nec auctoritati biblicae, imo est facilior ad intelligendum et rationabilior quam aliquis aliorum... Non ponit accidentia sine subjecto, quod est unum de difficilibus quae hic ponuntur... Et ideo nullum inconveniens videtur sequi ex primo modo ponendi, si tamen concordaret cum determinatione Ecclesiae" (Quaestiones magistri Petri de Aylliaco super libros sententiarum, Parisiis 1500, Lib. IV, Q. 6, a. 2). Aehnlich hatte übrigens auch schon Duns Scotus gelehrt. In 4. dist. 11, q. 3.

[2] „Opinio communior est quod substantia panis non remanet, sed simpliciter desinit esse. Cujus possibilitas patet... Et licet ita esse non sequatur evidenter ex scriptura nec etiam, videre meo, ex determinatione Ecclesiae, quia tamen magis favet ei et communi opinioni sanctorum et doctorum, ideo teneo eam. Et secundum hanc viam dico quod panis transsubstantiatur in corpus Christi." Allys Ansicht, die Lehre von der Transsubstantiation ergebe sich nicht mit voller Klarheit aus der Entscheidung der Kirche, beweist, dass dieser Commentar noch vor dem Konstanzer Concil verfasst worden ist. Doch hatte schon 1215 das allgemeine Lateranconcil dieselbe Lehre gegen Berengar klar genug festgestellt, so dass schon im 13. und 14. Jahrhundert die Läugnung dieser Lehre fast allen Theologen als Häresie galt. Ueber die gegentheilige Ansicht von Allly vgl. Franselin, Tractatus de SS. Eucharistiae Sacramento, Romae 1873, p. 199. Nach P. Tschackert (Real-Encyklopädie I, 281) hätte Ailly „an der Innern Wahrheit der Transsubstantiationslehre gezweifelt", auch hätte er „als Nominalist Vernunft und Glauben in Gegensatz gestellt". Zwei irrige Behauptungen!

von der Transsubstantiation aufgestellt habe. Wer könnte sich aber hier des Lachens enthalten? Ist doch die Transsubstantiation schon auf dem allgemeinen Lateranconcil vom Jahre 1215 ausdrücklich gelehrt worden, zu einer Zeit, wo Thomas von Aquin noch nicht geboren war!" [1]

Bezüglich des Busssacraments betont Usingen ganz besonders die Nothwendigkeit der innern Bussgesinnung, d. h. der Reue über die begangenen Sünden und des festen Vorsatzes, Gott nicht mehr zu beleidigen. Ohne diese innere Reue, so führt er aus, könne eine Verzeihung der Sünden nicht stattfinden [2]. Wohl seien auch äussere Busswerke erfordert; durch dieselben würden jedoch nur die durch die Sünden verdienten Strafen, nicht die Sündenschuld ausgetilgt [3]. Und was von diesen Busswerken behauptet wird, gelte auch von den Ablässen, durch die man ebenfalls Nachlassung der zeitlichen Strafen erhalten könne. Zwar werde der Ablass von den Lutheranern verworfen. Die frühern Ketzer haben denselben einen „frommen Betrug" genannt [4]; nach den neuen Irrlehrern wären ebenfalls die Ablässe nichts anderes als Betrügereien, die bloss den Zweck hätten, die Leute um ihren Glauben und ihr Geld zu bringen. „So reden," schreibt der entrüstete Augustiner, „sieche Schafe, die schon längst in übelriechende Böcke ausgeartet sind. In schroffstem Gegensatze zur katholischen Lehre verleumden sie die Päpste und die Concilien, und sprechen ihnen die Vollmacht ab, die denselben von Christus selber ertheilt worden." [5]

Wie Usingen bei seinen apologetischen Arbeiten den gegnerischen Schriften eine grosse Aufmerksamkeit schenkte, so verfolgte er auch mit regem Interesse die öffentlichen Ereignisse, die mit den Glaubensangelegenheiten im Zusammenhange standen. Im Jahre 1529 hatte zu Marburg zwischen den

---

[1] Nr. 23, fol. 81 a. [2] „Culpa nonnisi contritione remittitur" (42 b).

[3] „Certum est enim contritione interna remitti culpam actualem, operibus autem pietatis redimi poenam solam et non deleri culpam" (42 a).

[4] Anspielung auf Johann von Wesel, der die Ablässe „pias fraudes" nannte (Nr. 24, fol. 182 b). [5] Nr. 23, fol. 42 b.

Lutheranern und den Zwinglianern ein Religionsgespräch stattgefunden zu dem Zwecke, die beiden protestantischen Parteien miteinander auszusöhnen. Usingen widmete dieser Zusammenkunft, die erfolglos blieb, eine eigene Schrift[1], die jedoch nicht veröffentlicht wurde und seither verloren gegangen ist.

Bald nachher sollte er persönlich an wichtigen Religionsverhandlungen theilnehmen. Im Sommer 1530 begab er sich mit dem Würzburger Oberhirten Konrad von Thüngen und dessen Weihbischof Augustinus Marius nach Augsburg auf den so berühmt gewordenen Reichstag. Hier traf er mit einigen Bekannten aus der Erfurter Zeit zusammen. Wie hatten sich aber inzwischen die Gesinnungen dieser Männer geändert! Im Jahre 1519 hatte der Erfurter Augustiner in den Augen des Justus Jonas als „christlicher Nestor" gegolten[2]; jetzt schreibt derselbe Jonas, Usingen sei in der Heiligen Schrift ganz unwissend, ja es gehe ihm sogar der gesunde Menschenverstand ab[3]. Sehr treffend hätte indes der katholische Ordensmann, der sich immer gleich geblieben, während die Gegner vom alten Glauben abgefallen waren, antworten können, was er einmal bei Anlass ähnlicher Verunglimpfungen den Erfurter Prädicanten vorhielt: „Würde ich das Wort Gottes nach eurem Sinne predigen, so wäre ich euch gelehrt genug, ja ihr würdet sogar meinen Scharfsinn rühmen. Weil ich aber dies nicht thue und wegen meiner Anhänglichkeit an die Kirche auch niemals thun werde, so bin ich jetzt nur ein Blinder und ein Führer von Blinden."[4]

Bekanntlich wurde auf dem Reichstage von 1530 dem Kaiser von den Protestanten ein besonderes Glaubensbekenntniss überreicht, die sogenannte Augsburger Confession. Die Prüfung und Widerlegung dieser Confession wurde zahlreichen

---

[1] Erwähnt in Nr. 22, C 4 a. [2] Vgl. oben S. 26.
[3] Jonas an Fr. Myconius (Augsburg, 14. Juni 1530): „Adsunt Cocleus, doctor Usingen, doctor Wimpina, d. Mensingen, qui videntur sibi esse columnae Ecclesiae, sed sunt scripturae sanctae, ut notui, insigniter rudes, et non modo tantarum rerum rudes, sed et sensu communi carent" (Kawerau S. 156). [4] Nr. 11, D 2 a.

in Augsburg anwesenden katholischen Theologen übertragen, unter denen auch Usingen sich befand[1]. Der eifrige Ordensmann war zudem beauftragt worden, an den Sonntagen im Dome zu predigen[2]. Als dann im folgenden Jahre Melanchthon eine Apologie der Augsburger Confession erscheinen liess, war wieder unser Augustiner einer der ersten, um der protestantischen Kundgebung eine katholische Antwort entgegenzusetzen[3]. Es war dies seine letzte schriftliche Arbeit.

Der siebenzigjährige Greis hatte nun lange genug gekämpft, lange genug sich abgemüht; es war Zeit, dass er für seine selbstlosen, unermüdlichen Anstrengungen den wohlverdienten Lohn empfing. Am 9. September 1532 kehrte der unsterbliche Geist des wackern Streiters zu Gott zurück, während die sterbliche Hülle in der Würzburger Augustinerkirche ihre letzte Ruhestätte fand. Eine einfache Steinplatte, darauf das Bildniss des Verewigten mit einer lateinischen Inschrift[4],

---

[1] Laemmer, Die vortridentinisch-katholische Theologie des Reformationszeitalters, Berlin 1858, S. 35. J. Ficker, Die Confutation des Augsburgischen Bekenntnisses, Leipzig 1891, S. XX.

[2] Vgl. Brenz an Isenmann, Augsburg, Anfang Juni 1530: „Episcopus Herbipolensis habet hic suos Concionatores Usingium et suffraganeum suum, qui diebus dominicis in summo templo Augustae egregie clamant et vociferantur. Audires homines stupidissimos atque etiam sensu communi carentes." Corpus Reform. II, 85.

[3] Nach dem Tode des Verfassers wollte der Mainzer Domherr Lorenz Truchsess von Pommersfelden, damals in Würzburg wohnhaft, die Schrift gegen die Apologie drucken lassen; der Bischof von Würzburg trug sich mit demselben Gedanken. Doch ist das Werk niemals gedruckt worden; heute ist es auch nicht mehr handschriftlich vorhanden. Vgl. Cochlaeus an Lorenz Truchsess von Pommersfelden (Mainz, 6. October 1532): „Laudanda merito est eximia pietas vestra, qua petiit D. B. Usingensis responsionem contra apologiam Ph. Melanchthonis ut vestris impensis et compleretur et excuderetur. . . Erst nuper hic familiaris Barth. Usingensis, qui dicebat ejus scripta per R. D. Herbipoleensem transmittenda esse Coloniam, ut contra Apologiam ederentur. Ego autem verbis R. D. V. longe magis credo." Bei Riederer S. 340. 344.

[4] Grabmal von Usingen, beschrieben von Scharold im Archiv des Histor. Vereins von Unterfranken, Bd. V (1839), 3. Heft, S. 165:

zeigte bis zum Anfange dieses Jahrhunderts die Stelle an, wo Usingen begraben worden. Eine andere Inschrift hatte der Weihbischof Augustinus Marius zu Ehren des verstorbenen Freundes, des Lehrers und Gegners Luthers, im Refectorium des Klosters anbringen lassen[1].

Beide Denkmäler sind heute verschwunden; auch die zahlreichen Schriften des ausgezeichneten Ordensmannes sind heute fast gänzlich der Vergessenheit anheimgefallen. Wie so manche andere Vorkämpfer der Kirche im 16. Jahrhundert, ist Usingen bisher allzusehr vernachlässigt worden. Auch von ihm gilt die alte Klage: „Wer gedenkt dieser beschweissten Kämpfer!"

Möge das vorliegende Lebensbild dazu beitragen, das Andenken eines edlen Charakters und mannhaften Vertheidigers der Kirche in weitern Kreisen wieder neu aufzufrischen!

(Oben am Stein:)   Mnemosynon
Religiosi Patris Bartholomaei de Usingen Theologi integerrimi et Ecclesiae
contra Lutheranos invicti propugnatoris
hic locatum.
I. H. S.   M. R. A.

(Um das Bildniss:) Anno Salutis 1532. 5. Idus Septembris mortem obiit eximius vir Bartholomaeus Arnoldi de Usingen, sacrae Theologiae atque Augustinianae religionis professor, acerrimus haereseos hac tempestate adversus catholicam Ecclesiam saevientium impugnator, cujus anima requiescat in pace. — Dies Grabmal ging am Anfange dieses Jahrhunderts infolge der veränderten Bestimmung der Kirche aus Nichtachtung zu Grunde.

[1] Milensius p. 9: „In refectorii parieto ejusdem monasterii haec picta sunt carmina:
Olim me Luther fit praeceptore Magister,
Fit simul et frater religione mihi.
Deseruit sed ubi documenta fidelia Doctor,
Detexi primus falsa docere virum.
Bartholomaeo Arnoldi Usingo, Augustiniano Theologo, Augustinus Marius, Theologus, Doctor, Saloniensis Episcopus P. P. P. P. discipulus."

Nach Milensius wären diese vier P. folgenderweise zu erklären: „Propter pietatem piagi praecepit"; oder: „Perpetuam Paradisi pacem precator"; oder: „Patri Praestantissimo, Praeceptori Peritissimo". — Von einem Porträt Usingens, das Marius im Speisesaal hätte aufhängen lassen, wie Scharold annimmt, ist bei Milensius keine Rede.

Usingens Schriften[1].

1499. Nr. 1. Parvulus philosophie naturalis. Figuralis interpretatio in Epitoma philosophie naturalis In laudatissimo Erffurdiensi gymnasio per Bartholomeum de Usingen liberalium studiorum interpretem concinnata, non trivialia nec dedisceada docens verum recondita ac ex vere philosophie sacrario deprompta studiose iuventuti philosophicis preceptionibus initiari satagenti summe profutura.

Annexa est huic opusculo Questio ardua de quidilate quantitatis Continue. Per eundem Magistrum quodlibetice determinata ac in ordinem lectoribus aptiorem singulari studio instructa.

Am Schlusse: Impressum Liptzick per Wolfgangum Stoeckel Baccalarium Erffurdensem' et Civem Lipsensem. Anno 1499. In vigilia sancti Mathie apostoli finitum. 140 Bl. 4°.

Spätere Ausgaben: Leipzig 1505 (M. Denis, Wiens Buchdruckergeschichte bis 1560, Wien 1782, S. 28). Wien 1510 (ebendaselbst). Basel 1511. Leipzig 1514 (Denis S. 28). Wien 1516. Ausgabe ohne Ort und Jahr (Hain, Repertorium Nr. 2538).

Dieselbe Schrift unter dem Titel: Compendium Naturalis Philosophie, Erfurt 1517. Erfurt, ohne Jahr.

Unter dem Titel: Totius naturalis philosophiae epitome, Erfurt 1543 (Münchener Universitätsbibliothek).

1500. Nr. 2. Compendium totius loyce brevissimis figuralis expositum, in Scola Erffurdiana per Bartholomeum de usingen liberiorum studiorum interpretem concinnatum. Novellis scolasticis pro fundamento dialectice captando editum, atque formis calcographicis studiose effigiatum.

Am Schlusse: Impressum Liptzch per Baccalarium Wolfgangum de Monaco. Anno 1500. 69 Bl. 4°.

Spätere Ausgaben: Leipzig 1508. Erfurt 1518. Metz 1517 (Münchener Universitätsbibliothek).

Unter dem Titel: Compendium novum totius logices. Ohne Ort und Jahr. Summa compendiaria totius Logicae, Basel 1507, Köln 1531

---

[1] Alle Schriften und Ausgaben, bei denen nichts Näheres angegeben ist, habe ich auf der Münchener Staatsbibliothek eingesehen.

(Panzer, Annales typogr. IX, 434, Nr. 682 b). Magistralis totius Parvuli artis Logicae compilatio, Basel 1511 (Münchener Universitätsbibliothek). Parvulus loycae cum figuris, Erfurt 1504.

Oesinger (Bibliotheca Augustiniana, Ingolstadii 1776, p. 958) und Hain (Nr. 2586), allem Anscheine nach auf Oesinger sich stützend, führen einen Parvulus Loyce: Leipzig 1499, an. Oesingers bibliographische Angaben sind indes nicht zuverlässig genug.

1507. Nr. 3. Exercitium de anima In studio Erphurdiensi collectum per M. Bartholomeum de usingen Instauratum atque Emendatum. Am Schlusse: Impressum Erphordie per Wolffgangum Schenckea. 1507. 75 Bl. 4°.

Um dieselbe Zeit, Nr. 4. Exercitium Phisicorum In Gymnasio Erphurdiensi collectum per M. Bartholomeum de usingen Emendatum et renovatum Atque Ibidem in tenera scolastica Iuventutis impressum. Impressum Erphordie per me Wolfgangum Schencken. Ohne Jahr. 126 Bl. 4°.

1509. Nr. 5. Regulae congruitatis et figure constructionis Cum vitiis grammaticalibus et figuris talia excusantibus. Am Ende: Impressum Liptzck per providum et honestam virum Baccalaurium Wolfgangum monacensem Anno supra millesimum quingentesimum nono. 74 Bl. 4°. Ebendas. 1512. Diese zwei ersten Ausgaben erschienen anonym. Zwei spätere Ausgaben: Erfurt 1517 (Panzer VI, 499, Nr. 89), Metz 1517 (Panzer VII, 405, Nr. 7), tragen den Namen des Verfassers.

1511. Nr. 6. Interpretatio Donati Minoris scolastice exponens diffinitiones octo partium orationis cum accidentibus earundem in studio Erphurdiensi per magistrum Bartholomeum de Usingen collecta et recens ad dei laudem et reipublicae literarie profectum. Matheus Maier impressit Erphurdie in domo nigro cornu prope pontem mercatorum. Anno dñi Millesimo quingentesimo undecimo (Panzer VI, 407, Nr. 26). Spätere Ausgaben: Erfurt 1513 (Panzer VI, 498, Nr. 39), Leipzig 1513. 26 Bl. 4°, Ebend. 1515.

1514. Nr. 7. Exercitium veteris artis in studio Erffordiensi collectum per Magistrum Bartholomeum Arnoldi de Usingen instauratum atque emendatum. Am Schlusse: Excusum Erffordie per me Joannem knappum littera correctissima anno 1514. 115 Bl. 4°.

1516. Nr. 8. Exercitium Nove Logices in Studio Erffurdiensi collectum per Magistrum Bartholomeum Arnoldi de Usingen instauratum atque emendatum. Am Schlusse: Impressum Erffordie per Joannem Canappum anno 1516. 120 Bl. 4°.

1522. Nr. 9. Responsio F. Bartholomei de usingen ad confutationem Culsamericam plus quam tragicam et que Evangelicum orasit predicatorem qui fenum in cornu gerens somnia de plaustro loquitur cedro digna. Am Schlusse: Excusum Erphurdie per me Joannem Canappum Anno dñi MDXXII. 20 Bl. 4°.

Spätere Ausgabe: Concertatio haud inelegans Culsameri Lutheriani et F. Bartholom. Usingen, theologie consulti augustiniani. Lectu dignissima ac plurum mentium aedificativa. Am Ende: Excusum Argentinae, impensis et opera honesti viri Johannis Grieninger, in vigilia divi Erhardi. An. 1523. Mit einem Widmungsschreiben des Herausgebers Hieronymus Gebweiler an die Strassburger Johanniter und Kartäuser.

1523. Nr. 10. Liber Primus F. Bartholomei de Usingen Ordinis Eremitarum S. Augustini. Quo Recriminacioni respondet Culsamerica Et confutationi qua se authoer Sophistarum Impietatem revellere jactat quum totus impius ipse nil nisi meram Impietatem spiret. Duo Sermones. Primus De ecclesia catholica et de petra super quam edificatur et de clavibus quam confutat Culsamerus. Secundus est de Matrimonio Sacerdotum et Monachorum exiticiorum contra vota sua et mandatum ecclesie qui Culsamero offertur pro sua candore confutandus. Am Ende: Erffordie apud Joannem Canappum. Anno Domini MDXXIII. Mense Septembri. 27 Bl. 4°.

Zweite Ausgabe: Leipzig. Ohne Jahr. Separat erschien: Sermo de matrimonio sacerdotum et monachorum exiticiorum. Erfurt 1523. 6 Bl 4° (Kirchenlexikon I, 1431). Dass auch die Predigt de Ecclesia separat erschien, wie Flogs (ebendas.) behauptet, ist unrichtig.

Nr. 11. Liber Secundus D. Bartholomei de Usingen In quo respondet Culsamericae confutationi qua confutatur epistola quam premisit responsioni ad libellum vernaculum a Culsamero contra se emissum. Adjunctis tribus Sermonibus: Primus est, de revelatione paterna doctrine Christi. Secundus est, de libertate christiana. Tertius est, de Sacerdotio Regali et ecclesiastico. Am Ende: Joannes Canappus excudebat Erphordie Anno 1523. 23 Bl. 4°. Separat erschien: Sermo pulcherrimus de Sacerdotio. Lipsie in aedibus Wolffgangi Monacensis. Ohne Jahr. 6 Bl. 4°.

1524. Nr. 12. Liber tertius F. B. de Usingen ordinis Eremitani S. Augustini. In quo respondet nebulis Culsameri quas commentus est ille in responsionem ad libellum suum vernaculum quibus seipsum pingit: qualis quantusque in sacris sit litteris. Additio de Hereticis, qui sint, quomodo vitandi: pariterque plectendi: et an comburendi. In singulare obsequium Culsameri: qui papulum gustit fieri vulcani. Sermo de S. Cruce. MDXXIIII. Ohne Ort. (Erfurt.) 86 Bl. 4°. Die auf dem Titelblatt angekündigte Predigt de Cruce fehlt in dieser Schrift; doch erschien sie zur selben Zeit, aber separat.

Nr. 13. Sermo de Sancta Cruce praedicatus Erphardiae. In templo divae virginis Mariae. A F. Bartholomeo de Usingen Augustiniano contra inimicos crucis Christi et Evangelii: quorum deus venter est et gloria mundi. Erphardiae. Anno MDXXIII. Am Schlusse: Excusum Erphurdiae : e regione S. Servatii : in vigilia S. Joh. Baptistae. Anno MDXXIIII. 14 Bl. 4°.

Nr. 14. Libellus F. Bartholomei de usingen augustiniani In quo respondet confutationi fratris Egidii mechlerii monachi franciscani sed exiticii larvati et conjugati. Nitentis tueri errores et perfidiam Culsamerl, qui illi clitellas suas archadicas imposuit, cum ipse amplius possit nihil quia sub sarcina fatiscens defecit. Erphurdie 1524. Contra Lutheranos. 76 Bl. 4°.

1525. Nr. 15. Libellus F. Bartholomei de Usingen Augustiniani de Merito bonorum operum. In quo veris argumentis respondet ad instructionem fratris Mechlerii Franciscani de bonis operibus, quam inscribit christianam, cum impia sit, ridicula et prophana. Insuper respondet ad Evangelium Culsameri quod ille predicavit in expulsionem Erphurdiani Cleri. Contra factionem Lutheranam. Erphurdie 1525. 85 Bl. 4°.

Nr. 16. Libellus F. Bartholomei de Usingen Augustiniani de falsis prophetis tam in persona quam doctrina vitandis a fidelibus. De recta et munda predicatione evangelii et quibus conformiter illud debeat predicari. De Celibatu sacerdotum Nove legis Et de Matrimonio eorum, necnon Monachorum exiticiorum. Responsio ad Sermonem Langi de Matrimonio sacerdotali quem fecit in Nuptiis Culsameri sacerdotis. Contra factionem Lutheranam. Erphurdie 1525. 40 Bl. 4°.

1526. Nr. 17. Libellus Fratris Bartholomei de Usingen Augustiniani, De tribus necessario requisitis ad vitam christianam que sunt gratia, fides et opera. Contra Lutheranos, Hussopycardos. Herbipoli 1526. Am Ende: Balthassar Müller Impressor. 33 Bl. 4°.

Nr. 17°. Zweite, vom Verfasser selber vermehrte Ausgabe: Libellus F. B. de Usingen, de Fide, Gratia et Operibus, ad Christianismum verum necessariis. Aeditio secunda, priore auctior et instructior. Ohne Ort und Jahr. 64 Bl. 12°.

1527. Nr. 18. Libellus Fratris Bartholomaei de Usingen Augustiniani, de duabus disputationibus Erphurdianis. Quarum prior est Langi et Mechlerii monachorum exiticiorum contra ecclesiam catholicam. Posterior est Usingi Augustiniani pro ecclesia catholica, priori adversa et contraria. MDXXVII. Contra Hussopicardos. Am Ende: Impressum Bamberge a Georgio Erlinger, ordinatione et impensis Bernhardi Weigle civis Herbipolensis et bibliopole. Anno MDXXVII decima septima die Januarii. 59 Bl. 12°.

Nr. 19. Purgatorium. Libellus Fratris Bartholomaei de Usingen Augustiniani, de Inquisitione Purgatorii, per scripturam et rationem.

Et de liberatione animarum ex eo per suffragia vivorum. Contra Lutheranos, Hussopycardos. Herbipoli 1527. Am Schlusse: Impressum Bamberge a Georgio Erlinger, ordinatione et impensis Bernhardi Weigle civis Herbipolensis et Bibliopole. Anno MDXXVII. Quarto Nonas May. 43 Bl. 12°.

1528. Nr. 20. Invocatio Sanctorum. Libellus Fratris Bartholomaei de Usingen Augustiniani de Invocatione et veneratione Sanctorum. Confutatio sermonis Lutheri de Nativitate virginis Mariae, et responsio ad quaedam alia, venerationi et intercessioni Sanctorum detrahentia. Herbipoli MDXXVIII. Am Schlusse: Impressum Bamberge a Georgio Erlinger, ordinatione et impensis Bibliopole Bernhardi Weigle civis Herbipolensis. Anno MDXXVII. Quarto Nonas May. 12°. (Münchener Universitätsbibliothek.) Zweite Ausgabe: Herbipoli MDXXVIII. Am Schlusse: Impressum Bamberge... Anno 1528 pridie Idus Martii. 52 Bl. 12°. Ich benutzte diese zweite Ausgabe. Der Druck von 1527 wurde erst 1528 ausgegeben, wie aus dem Titelblatt hervorgeht.

Die von Höhn (p. 189), Ossinger (S. 957) und Floss (Kirchenlexikon I, 1483) angeführten Confutatio sermonis Lutheri super Salve Regina, Confutatio Lutheri super Regina coeli, sind keine selbständigen Schriften, sondern nur kurze Paragraphen des vorliegenden Werkes.

1529. Nr. 21. Anabaptismus. F. Bartholomaei de Usingen Augustiniani Contra Rebaptizantes. Confutatio eorum quae Lutherus scripsit in Rebaptizantes. Coloniae apud Johannem Gymnicum MDXXIX. 67 Bl. 12°. (Münchener Universitätsbibliothek.)

1534. Nr. 22. Ecclesia Lutherana. Libellus Fr. Bartholomei de Usingen Augustiniani Sacro Theologie Professoris. Excusum Pataviae Baioariae. Johann Weyssenburger. 1534. 84 Bl. 12°.

Im vorstehenden glaube ich Usingens gedruckte Schriften alle angeführt zu haben. In verschiedenen Verzeichnissen und Katalogen werden allerdings noch andere Werke erwähnt; doch sind es nur kleinere Stücke, hauptsächlich Predigten, die den oben angeführten Schriften beigedruckt sind. Noch sei bemerkt, dass bei Ossinger und besonders bei Panzer bezüglich der Schriften Usingens mehrere unrichtige Angaben vorkommen; ich hielt es nicht für nothwendig, dieselben im einzelnen richtigzustellen.

Ungedruckte Schriften.

Nr. 23. Sacramenta Ecclesiae. Libellus fratr. Bartholomaei de Usingen augustiniani de septem Sacramentis ecclesiae catholicae, Herbipoli 1530. 77 Bl. 8°. Autograph. In der Würzburger Universitätsbibliothek. M. ch. o. 33. Auf dem ersten Blatt steht von späterer Hand folgende Bemerkung: „Ille libellus uti et alia ejusdem Autoris manuscripta multa utilia et perdocta continet ideoque diligenter custodiendus." Unter dem Titel steht mit rother Tinte: „Authoris propriam manum hic vides. Libellum istum in nostro conventu scripsit." Darunter mit schwarzer Tinte von anderer Hand: „Hoc est testimonium R. P. Andreae Sigisfeldi, nam et scripturam manumque ejus novi." Dieser Siegfried starb 1592 als Prior in Würzburg (Höhn p. 169).

Nr. 24. Collectanea. Papierhandschrift von 249 Bl. 8°. Enthält verschiedene Aufzeichnungen und Auszüge, die Usingen gemacht. Autograph. In der Würzburger Universitätsbibliothek. M. ch. o. 84. Vgl. oben S. 100.

Nebst diesen zwei Handschriften besass ehemals das Würzburger Augustinerkloster noch viele andere ungedruckte Werke von Usingen. Bei Aufhebung der Klöster wurden jedoch diese Schätze verschleudert. Im Jahre 1835 wurden die beiden vorstehenden Werke von Legationsrath Dr. Scharold für die Würzburger Bibliothek erkauft; wo die andern Handschriften hingekommen sind, weiss man nicht.

Verlorene Handschriften.

Der Augustiner Höhn berichtet (p. 169 sq.), dass zu seiner Zeit (1744) das Würzburger Augustinerkloster noch viele handschriftliche Werke von Usingen besass: „De his et aliis ejus libris Bibliotheca nostra Herbipolensis magnum habet thesaurum... Quod opus, sicut et de caeteris praeclatis plures typo tradere ob temporis brevitatem et laborum copiam non potuit." Hier nun einige dieser Handschriften, die ich namhaft machen kann.

1. In 4 libros Sententiarum (Höhn). Ohne Zweifel identisch mit dem Werke, das der Würzburger Augustiner Alphons Petermann in seinen handschriftlichen Aufzeichnungen (Würzb. Augustinerarchiv) unter folgendem Titel erwähnt: Cursus theologicus in Universitate Erfordiana praelectus. Ueber Usingens theologische Vorlesungen vgl. oben S. 19.

2. Libellus in divum Bennonem nuper coronatum.

Erwähnt in Nr. 14, B 2 a: „Scripseram et ego nonnulla in rem illam (Bennos Heiligsprechung), sed non edidi." Einige Auszüge aus dieser Schrift in Nr. 20, M 2 — N 4.

3. Opus insigne de missa stabilienda (Höhn).

4. De conciliis plenariis libellus. 1528. Erwähnt bei Höhn sowie auch in Nr. 22 und 23. Vgl. oben S. 105.

5. Eine Schrift über das Marburger Religionsgespräch. 1529. In Nr. 22, C 4 a erwähnt.

6. Predigten. Höhn p. 170: „Scripsit etiam ibi (Würzburg) Concionale 1529 in omnia festa et dominicas per annum." Ohne Zweifel verschieden von folgender Predigtsammlung, die ebenfalls bei Höhn (p. 169) erwähnt wird: Collectanea duo Sermonum in omnia festa D. Mariae Virginis et dominicas. Zudem Predigten, bei Gelegenheit der Visitation der Klöster gehalten (Höhn p. 171). Endlich Sermones per Adventum et Quadragesimam (Petermann).

7. Responsio contra Apologiam Melanchthonis. Von Cochläus erwähnt. Vgl. oben S. 125.

Ergänzung.

Zu Seite 27. Welches Ansehen Usingen kurz vor Ausbruch der religiösen Wirren in Wittenberger Kreisen genoss, erfahren wir aus einem Briefe Spalatins an Staupitz, d. d. Wittenberg, 10. April 1515. Luthers Freund wünscht dem deutschen Volke recht viele Theologen von der Art eines Staupitz, Luther, Link und Usingen: „Utinam tui, Martini Eyslebensis, Wenceslai, Usingeri similes multi essent nostrae aetatis Theologi. Clarior enim esset et beatior Germania nostra." Dei W. Reindell, Doctor Wenzeslaus Linck aus Colditz. Erster Theil. Marburg 1892, S. 256.

Personenregister.

Allly, P. 12. 121 f.
Anselmus, hl. 8. 12.
Aristoteles 8 ff. 21 ff. 98.
Arnoldi, D. 1.
Arnoldi, L. 1.
Averroes 21.

Benno, hl. 132.
Beza, Th. 52.
Biel, G. 61. 120.
Blick, S. 14. 97.
Braun, K. 105.
Brenz, J. 52. 117 f. 125.
Buchstab, J. 107.
Buridan, J. 13.
Butzer, M. 52. 118.

Calvin, J. 52.
Canappus, s. Knapp.
Capito, W. 52. 105.
Carlstadt, A. 27. 106.
Cicero 7.
Cochläus, J. 17. 107. 124 f.
Cordus, E. 80. 94.
Culsamer, J. 37. 45. 45 ff. 52 ff. 57 ff. 98 f. 102. 104. 128 ff.

Distenberger, J. 107.
Diomedes 18.
Donatus 18. 128.
Draconites, J. 20. 81. 60. 100.
Dungersheim, H. 115.
Duns Scotus 4. 28. 120. 122.

Eck, J. 21. 28 f. 107.
Emser, H. 28. 107.

Erasmus, D. 14.
Erlinger, G. 130 f.

Fomelius, J. 38 ff.
Forchheim, O. 43. 49 f.
Frowin, A. 55.
Fugger, die 88.

Gebweiler, H. 128.
Geiler, J. 84.
Gregor von Rimini 12.
Greiser, D. 81.
Grieninger, J. 128.
Gymnicus, J. 131.

Haller, L. 82.
Hauer, J. 105.
Herbold, H. 98.
Hessus, E. 8. 14. 30. 35. 50. 80. 91. 84. 100 f. 104.
Hof, H. v. 84. 103.
Hopfner, N. 2.

Jonas, J. 25. 27. 30. 38. 97. 124.

Kleindienst, B. 75.
Knapp, J. 128 f.
Kohl, J. 43.

Lang, J. 15 ff. 22. 25. 27 f. 30 ff. 41 ff. 48. 54 ff. 58. 81 f. 94. 98. 103 f. 130.
Leifer, O. 28.
Link, W. 88. 108.
Luther, M. 1. 2 f. 15 ff. 21 ff. 34 ff. 40 ff. 52. 60. 77. 80. 96 ff. 101. 106. 108 ff. 121 ff. 131.
Lutter, J. 10 f.

Maier, M. 128.
Marius, A. 18. 124 ff.
Marsilius von Inghen 13.
Mochler, Aeg. 18. 41. 49. 52 f. 56 f. 62. 64. 102. 130.
Melanchthon, Ph. 52. 64. 97. 120.
Mensing, J. 124.
Micyllus, J. 101.
Miolich, J. 53.
Mosellanus, P. 21.
Müller, B. 130.
Münzer, Th. 104. 115.
Musa, A. 48. 46.
Mutian, K. 11.
Myconius, Fr. 124.

Nathin, J. 14 f. 20. 26.
Nicolaus von Strassburg 54.
Nomen 100.

Occam, W. 13.
Oekolampad, J. 100.

Pistoris, M. 82.
Platz, L. 14.
Pommersfelden, L. v. 125.
Porphyrius 3.

Rhegius, U. 52.
Schatzger, K. 107.
Schenk, W. 128.
Scheurl, Chr. 14. 21. 29.
Siegfried, A. 131.
Spalatin, G. 97.
Spangenberg, J. 20
Staupitz, J. 14. 19 f. 19. 27.
Stöckel, W. 127 ff.
Sturz 100. 104.
Summenhart, K. 21.
Textoris, T. L. s. Arnoldi.
Thomas von Aquin 5 f. 22. 123.
Thüngen, K. v. 105. 124 f.
Trutfetter, J. 8. 9. 15. 24. 50.
Urban, H. 15. 29.
Vermigli, P. M. 52.
Weigle, B. 130 f.
Weissenburger, J. 131.
Wessel, J. 2 ff. 123.
Wimpina, K. 22. 124.
Wulffer, W. 107.
Zanchi, H. 52.
Zwingli, U. 100.

www.ingramcontent.com/pod-product-compliance
Lightning Source LLC
Chambersburg PA
CBHW030358170426
43202CB00010B/1414